지브리 스튜디오에선 무슨 일이?

감사의 글

《지브리 스튜디오에선 무슨 일이?》가 나오기까지 많은 분들의 도움이 있었습니다.

스튜디오 지브리가 그랬던 것처럼 조력을 아끼지 않은 여러분께 감사를 드립니다.

리틀 닷 스튜디오의 스테프 왓츠와 해럴드 맥시엘은 완벽한 프로듀싱 파트너였습니다.

댄 존스와 애니 휴즈, 캐서린 브레이와 그리운 보스 앤디 테일러는 지속적인 지원과 영감을 주었습니다.

이 책을 위해 친절히 도움을 준 샘 클레멘트와 제이슨 우드와 그의 팀에 감사드립니다.

지브리 스튜디오의 광대한 세계를 탐색하는 데 도움을 준 에반 마와 니시무라 요시아키, 제프 웩슬러와 스티브 알퍼트,

마이클 두독 드 위트와 헬렌 매카시, 앤드루 오스먼드에 감사드립니다.

마이클 리더 MICHAEL LEADER는
영화 분야 작가이자 큐레이터로, 팟캐스트 〈지브리오테크^{Ghibliotheque}〉의 공동 창작자다. 영화 잡지 《Sight & Sound》와 《Little White Lies》에 글을 기고했으며, 2019년부터 2022년까지 BBC iPlayer의 시리즈인 〈Inside Cinema〉와 〈Inside Games〉의 프로듀서이자 커미셔닝 편집자로 일했다. 『지브리오테크 애니메이션 영화 가이드^{Ghibliotheque Anime Movie Guide}』와 『지브리오테크 필름 코리아^{Ghibliotheque Film Korea}』의 공동 저자다.

제이크 커닝햄 JAKE CUNNINGHAM은
작가이자 프로듀서로, 팟캐스트 〈지브리오테크^{Ghibliotheque}〉의 공동 창작자다. 영화와 오디오, 디지털과 인쇄 매체를 비롯한 다양한 분야에서 활동 중이다. BBC와 프라임 비디오, 《Little White Lies》를 비롯한 많은 매체에서 영화를 분석했으며, 특히 영화 잡지인 《Empire》와 《The I》에 글을 기고했다. 『지브리오테크 애니메이션 영화 가이드^{Ghibliotheque Anime Movie Guide}』와 『지브리오테크 필름 코리아^{Ghibliotheque Film Korea}』의 공동 저자다.

번역 송보라
서강대학교에서 영문학과 경영학을 전공하고 다국적 기업에서 커뮤니케이션 전문가로 일했다. 한 권의 책이 가진 힘을 믿으며 글을 옮긴다. 옮긴 책으로는 『에머슨과의 아침식사』, 『워런 버핏의 백만장자 비밀클럽』, 『오 헨리 사랑의 단편』, 『하루에 한 걸음씩 행복해지기』, 『최고 직장의 비결』, 『10대부터 읽는 머니 스쿨』 등이 있다. '바른번역' 소속 번역가로 활동 중이다.

Text © 2024 Little Dot Studios Limited, written by Michael Leader & Jake Cunningham, except pages 190-205 © 2024 Welbeck Non-fiction Limited
Design © 2024 Welbeck Non-fiction Limited
First published in 2021 by Welbeck
An imprint of HEADLINE PUBLISHING GROUP

지브리 스튜디오에선 무슨 일이?

개정증보판 1쇄 펴낸날 2024년 4월 18일 | **초판 1쇄 펴낸날** 2022년 1월 20일 | **지은이** 마이클 리더 · 제이크 커닝햄 | **옮긴이** 송보라
펴낸이 김옥희 | **펴낸곳** 애플트리태일즈 | **출판등록** (제16-3393호) | **주소** 서울시 강남구 테헤란로 201(아주빌딩), 501호 (우)06141
전화 (02)557-2031 | **팩스** (02)557-2032 | **홈페이지** www.appletreetales.com | **블로그** http://blog.naver.com/appletales
페이스북 https://www.facebook.com/appletales | **트위터** https://twitter.com/appletales1 | **인스타그램** @appletreetales @애플트리태일즈
가격 34,000원 | ISBN 979-11-92058-31-3 (03680)

지브리 스튜디오에선 무슨 일이?

지브리 애니메이션으로의 여행

마이클 리더 · 제이크 커닝햄 지음
송보라 옮김

appletree tales

차례

들어가는 말

애니메이션계의 전설인 스튜디오 지브리의 본사를 구글 지도에서 찾으면
스튜디오 창문에 A4 용지의 안내문이 눈에 띈다. '이곳은 지브리 미술관이 아니라
스튜디오 지브리 사무실입니다. 일반인에게 공개되지 않습니다.'
우리는 그 유명한 스튜디오가 어딘지 이미 알고 있었고 우리가 그곳을 찾는 이유는 분명했다.

우리가 누구냐고? 마이클 리더와 제이크 커닝햄이다. 지난 2018년부터 우리는 같은 사무실에서 일하기 시작했다. 영화와 팟캐스트, 영화 팟캐스트에 푹 빠져 있는 우리가 결국 힘을 모으게 된 건 당연한 결과였다. 영화처럼 마음이 맞는 순간만 있으면 됐다. 사무실 책상을 사이에 두고 대화를 나누다 보니 제이크의 문화적 지식 결여에 놀라움을 금치 못했다. 그는 스튜디오 지브리의 영화를 거의 본 적이 없었다. 마이클 사전엔 있을 수 없는 일이었다.

자타공인의 지브리 광신도인 마이클은 제이크를 위해 탄탄한 강의 계획을 세우며 스튜디오의 작품 세계로 인도했다. 그 안에는 「센과 치히로의 행방불명」과 「이웃집 토토로」, 「모노노케 히메」같이 기념비적인 성공을 거둔 영화와 「마녀 배달부 키키」, 「반딧불이의 묘」, 「폼포코 너구리 대작전」 같은 팬들의 사랑을

받은 영화, 「바다가 들린다」, 「이웃집 야마다 군」, 「붉은 거북」과 같은 잘 알려지지 않은 작품도 있었다.

이 모든 걸 방송으로 담아 보면 어떨까? 그 결과 팟캐스트가 탄생했고 또한 책으로 발간하게 되었다. 마이클은 괴짜같이 작품에 파고들어 지브리의 제작 역사와 산업적인 맥락, 영화 이면의 사람과 특징을 소개했다. 영화 애호가인 제이크는 한 번에 지브리 애니메이션을 한 편씩 감상하며 애니메이션의 고전

상단 그림: 지브리 미술관의 내부. 이곳에서만 상영되는 미야자키의 단편 영화인 「빵 반죽과 계란 공주」의 인기 스타인 빵 씨가 오른쪽에 서 있다.
오른쪽 그림: 지브리의 세계를 만나는 지브리 미술관을 순례하는 전 세계 팬들
10-11쪽 그림: 지브리 미술관의 명소 중 하나는 애니메이터 작업장의 입체 모형을 볼 수 있는 곳이다.

을 처음 접하는 신선한 느낌을 전달하며 팟캐스트의 균형을 맞췄다. 20편 남짓의 영화와 6천 마일을 달려 제이크는 지브리를 알아 가는 데 속도를 냈고 팟캐스트의 공동 제작자인 스테프 왓츠, 해럴드 맥실과 함께 우리는 최고의 지브리 순례를 위해 도쿄로 떠났다. 이 여행에서 우리는 누구에게나 친숙한 세계적인 마스코트 토토로 모양의 페이스트리를 맛보고 지브리의 보석이자 마이클이 가장 좋아하는 영화 「귀를 기울이면」에 나온 어린 연인들의 발자취를 따라 걸었다. 지브리의 베테랑들을 만나이야기를 듣고, 다카하타 이사오 감독이 만든 어른 취향 애니

메이션 드라마인 「추억은 방울방울」의 희귀한 포스터를 구하러 도쿄 구석구석을 샅샅이 뒤졌다. 괴짜들의 천국인 나카노 브로드웨이의 비좁은 인쇄물 가판대에 숨어 있던 포스터를 마침내 발견하고 제이크는 환호하기도 했다. 우리는 또한 세계 최고의 애니메이션 스튜디오가 만든 마법 같은 지브리 미술관을 방문했다. 이곳은 재미있고 상상력 넘치는 세상과 애니메이션 그 자체의 예술을 보여 주는 기념비적인 장소이다.

그러나 구글 지도가 친절히 알려 주듯, 그때 우리가 보고 있던 빌딩은 지브리 미술관이 아니라 그저 도심의 한적한 거리에 있는 사무실 건물이었다. 우리가 방문했던 2019년 11월 아침, 지브리 로고는 무성한 울타리에 가려져 있었지만, 문 뒤에 마법의 세계가 기다리고 있음을 직감할 수 있었다. 우리는 직원들이 드나드는 걸 지켜봤는데 몇몇은 우리가 길을 잃었는지 영어로 머뭇거리며 물어 왔다. "고맙지만, 아니에요. 진짜 아니에요!" 우리는 당시 미야자키의 또 다른 걸작인 「그대들은 어떻게 살 것인가The Boy and the Heron」가 그곳에서 한 달에 1분 분량만큼 느린 속도로 공들여 만들어지고 있다는 걸 알고 있었다.

이 책은 마법에 걸린 듯 매혹적인 스튜디오 지브리의 세계를 3년이 넘는 시간 동안 깊게 파고든 결과물이다. 우리는 다각적으로 각 영화를 살피며 지브리를 창립한 두 감독인 미야자키 하야오Hayao Miyazaki와 다카하타 이사오Isao Takahata, 충실한 프로듀서인 스즈키 도시오Toshio Suzuki의 유일무이한 작품들을 살펴볼 것이다.

《지브리 스튜디오에선 무슨 일이?》는 1984년 「바람계곡의 나우시카」부터 2020년 「아야와 마녀」까지 스튜디오 지브리의 모든 장편 영화를 광범위하게 다룬다. 각 장은 마이클이 전하는 풍부한 지식으로 시작하여 영화 애호가인 제이크의 깊이 있는 감상평으로 이어진다. 이 책을 읽고 나면, 아직 보지 못한 지브리의 영화 목록을 찾아보거나 오랫동안 좋아해 온 작품들을 다시 정주행할 욕구가 솟구칠 것이다.

마이클이 처음 지브리와 사랑에 빠졌을 때, 영국에서 구할 수 있는 영화는 거의 없었고 이제 막 빠져든 광팬이 읽을 만한 자

미야자키 하야오는 지브리 미술관 설립 제안서에 이렇게 적었다.
"흥미롭고 마음의 쉼터 같은 미술관. 많은 것을 발견할 수 있는 장소. 분명하고 일관된 철학에
기반을 둔 미술관. 즐기고 싶은 사람은 즐기고, 생각하고 싶은 사람은 사색하고,
느끼고 싶은 사람은 느낄 수 있는 곳. 들어갈 때보다 마음에 더 많은 풍요로움을 얻고 나가는 미술관."

료도 없었다. 그걸 생각하면 스튜디오와 그들의 작품에 대한 견해를 넓혀 준 지브리 비평가와 역사가, 동료들에게 더욱 감사하게 된다. 헬렌 매카시Helen McCarthy와 조나단 클레멘트Jonathan Clements, 수잔 네이피어Susan Napier와 앤드루 오스먼드Andrew Osmond, 로저 에버트Roger Ebert와 조나단 로스Jonathan Ross, 로비 콜린Robbie Collin과 닉 브래드쇼Nick Bradshaw, 데이비드 젠킨스David Jenkins와 알렉스 두독 드 위트Alex Dudok de Wit, 레이나 데니슨Rayna Denison이 그들이다.

이제는 스튜디오 카날과 GKIDS와 같은 회사의 노력과 넷플릭스와 HBO 맥스의 획기적인 지브리 작품 인수로 스튜디오의 거의 모든 장편 영화를 디스크나 디지털에서 버튼 하나만 누르면 감상할 수 있다. 그 어느 때보다 지브리의 영화를 해외에서 쉽게 접할 수 있지만, 아직도 갈 길은 멀다. 영국이나 미국에 있는 서점에서 스튜디오 지브리 작품을 찾아보라. 운이 좋으면 선반 한 층을 절반 정도 채운 책들을 찾을 수 있을 거다. 일본에서는 바닥부터 천장까지 책장 전체에 관련 서적이 빼곡하겠지만 말이다. 그렇기에, 이 글을 쓰는 시점에서 본다면, 이 책은 최초로 광범위하게 지브리를 다루는 영미권 서적이지만 여전히 빙산의 일각이다.

지브리와 관련된 단편 영화와 광고, 스핀오프 작품, 아직 구현되지 않은 프로젝트와 협업, 스튜디오 지브리가 협력해 만든 비디오 게임 《니 노 쿠니》까지 책에서 다루지 못한 내용이 아직도 많다. 지브리 미술관과 곧 열게 될 지브리 테마파크, 그리고 작품에 얽힌 주요 인물과 지식, 비화와 수많은 상품도 있다. 또 다카하타 이사오와 미야자키 하야오의 엄청난 초창기 일본 애니메이션부터 요네바야시 히로마사와 스튜디오 포녹의 지속적인 작업에 이르기까지 지브리와 함께한 영화감독들의 경력에 대한 내용도 많이 남아 있다.

이제는 당신이 지브리 작품을 전부 봤든 하나도 보지 못했든 지브리의 세계로 여행을 떠나 보자!

친구이자 동료, 멘토였던 다카하타 이사오는 미야자키 하야오를 이렇게 묘사한 바 있다.
"깊은 감정을 가진 사람입니다. 그가 만드는 작품을 보면 쉽게 느껴지죠."

상단 그림: 아이치현 나가쿠테에 있는 지브리 테마파크 기공식에서 미야자키 하야오의 아들 미야자키 고로(왼쪽)가 서 있다. 이제는 베테랑 감독이 된 고로는 조경사로 시작해 지브리 미술관을 설립하고 운영하며 처음 지브리에 합류했다.
왼쪽 그림: 끝나지 않는 사람, 미야자키 하야오

바람계곡의 나우시카
(NAUSICAÄ OF THE VALLEY OF THE WIND, 1984)

첫 바람이 불다

감독: 미야자키 하야오
각본: 미야자키 하야오
상영 시간: 1시간 57분
일본 개봉일: 1984년 3월 11일

스튜디오 지브리의 이야기가 언제부터 시작됐는지 꼭 집는 건 어렵지만
그들의 장편 영화를 살펴보면 중요한 시작점이 있다.
1984년 작인 「바람계곡의 나우시카」는 스튜디오 지브리의 이름을 건 영화는 아니었지만,
기획과 제작의 성공적인 결과로 이듬해 스튜디오의 창립을 이끌어 냈다.
훗날 이 영화는 과거로 거슬러 올라가 일본과 해외의 지브리 작품 리스트에 등재된다.

1979년으로 가 보자. 이 시기에 미야자키 하야오는 이미 1960년대 초반부터 명성을 쌓아 온 일본 애니메이션계의 베테랑이었다. 그는 「미래 소년 코난」이나 「엄마 찾아 삼만 리」, 「알프스 소녀 하이디」 같은 인기 시리즈를 작업해 왔다. 미야자키는 몽키 펀치의 인기 대도 만화 시리즈인 《루팡 3세》의 애니메이션 각색에 참여했으며, 이후 속편인 「루팡 3세: 칼리오스트로의 성 Lupin III: The Castle of Cagliostro」을 감독하며 첫 장편 영화 감독으로 데뷔한다. 이 영화는 평론가에게 좋은 평가를 받았고 젊은 애니메이터 사이에서도 꽤 영향력 있는 작품이 됐지만 일본 박스오피스에서는 좋은 성적을 내지 못했다.

그러나 「루팡 3세: 칼리오스트로의 성」은 잡지 《아니메쥬 Animage》에 상당한 영향을 주었다. 1978년 5월 창간 이후 《아니메쥬》는 일본 애니메이션과 만화를 지원했으며 잡지 편집자 중 한 명인 스즈키 도시오는 미야자키와 그의 작품을 열렬히 지지했다.

왼쪽 그림: 바람의 계곡과 화면을 가로질러 날아가는 나우시카.
지브리의 첫 장편 영화이다.
상단 그림: 미야자키의 지브리 작품에서 뚜렷한 특징이 되는 환경 주제는 「바람계곡의 나우시카」에 나오는 종말 후 대재앙 모습을 기반으로 한다.

1980년대 초 《아니메쥬》의 출판사인 '도쿠마 쇼텐 Tokuma Shoten'의 사장인 도쿠마 야스요시 Yasuyoshi Tokuma는 영화와 음악, 인쇄 매체를 섭렵하는 프로젝트의 기획을 논의했고 스즈키는 기회를 보았다. 당시 어느 정도의 야심이 있었다고 인정한 스즈키는 미야자키의 두 번째 장편 영화를 후원하는 명목으로 그를 도쿠마 쇼텐에 데려올 생각이었다. 스즈키는 이렇게 회상했다.

"'사람들이 원작 없이 만드는 영화는 절대 성공시킬 수 없다고 하더군요.'라고 내가 미야자키에게 말하자 명쾌한 답이 나왔어요. '그럼 한번 오리지널 작품을 만들어 봅시다.'"

왼쪽 그림: 일본 대중문화에 나우시카가 미친 영향은 아직도 대단하다. 나우시카의 메브Mehve 항공기(하단 그림)를 모델로 해 만든 제트 동력 글라이더의 시험 비행이 일반에게 공개됐다.

오른쪽 그림: 「바람계곡의 나우시카」의 일본판 포스터

장편 영화로의 각색을 염두에 두고 스즈키와 미야자키는 《아니메쥬》에 만화를 연재하기로 하며 결정적인 순간을 맞는다. 1982년 2월, 《바람계곡의 나우시카》의 연재가 시작됐고 순식간에 《아니메쥬》에서 가장 인기 있는 작품이 됐다. 결국 도쿠마 쇼텐의 높은 임원진도 미야자키가 이 만화를 장편 영화로 만들도록 지원하기로 했다. 스즈키 도시오는 영화의 제작 위원회에 들어갔는데 미야자키 하야오가 이 영화의 제작자로 마음에 둔 사람은 단 한 명, 그의 멘토인 다카하타 이사오였다. 그들은 노조 위원회 회의에서 처음 만난 후 1960년대에 '도에이 애니메이션'에서 일하며 관계를 쌓아 왔다. 진보적인 다카하타는 그의 첫 번째 장편 영화인 「태양의 왕자 호루스의 대모험Horus, Prince of the Sun」을 만들 때 공동 작업을 중시했고, 신입 직원도 스토리 아이디어나 캐릭터 디자인에 참여할 수 있도록 했었다. 젊은 미야자키 하야오의 경우 애니메이션을 만들고 장면을 디자인하는 경험을 처음 맛보았는데 이러한 경험이 미야자키에게 좋은 자양분이 됐다.

木々を愛で
虫と語り
風をまねく鳥の人 ‥‥

原作・脚本・監督／宮崎駿
風の谷のナウシカ
製作／株德間書店・株博報堂事業紹介／東映株　NAUSICAÄ

거대한 곤충류 오무는 환상적이고 맹렬하면서 아름답게 디자인된 생명체로 지브리의 긴 악당 목록에 첫 이름을 올린다. 나우시카는 스튜디오의 상징적인 첫 여주인공이다. 오무와 나우시카의 이야기는 미야자키가 1994년까지 발표한 《바람계곡의 나우시카》 만화 시리즈에서 연재되었다.

"그런 작업을 하면서 일하는 법을 진짜 배우게 됐습니다. 이미 알고 있던 걸 적용하는 게 아니라 프로젝트를 하면서 내 방식을 찾아갔죠."

미야자키는 나우시카를 영화로 옮기기 위해 그의 오랜 파트너가 필요하다고 판단했다. 문제는 다카하타가 도통 관심이 없었다는 것이다.

스즈키 도시오는 그 소식을 들은 후 미야자키가 그답지 않게 같이 진탕 마셨던 걸 회상했다. "이전에 보지 못한 미야자키의 모습이었습니다. 물론 그는 취해 있었죠. 그는 울고 있었어요. 계속 눈물을 흘리며 말했습니다. '다카하타에게 내 젊음을 바쳤는데 그가 나한테 해 준 건 아무것도 없어.'"

스즈키는 결국 자신이 나서 다카하타가 제작을 맡도록 설득했다고 말했다. 스튜디오 지브리를 구성하는 세 가지의 초석을 모은 것이다. 다카하타가 프로젝트에 크게 공헌한 일 중의 하나는 실험적인 작곡가인 히사이시 조Joe Hisaishi에게 영화의 사운드트랙을 맡긴 것이다. 히사이시는 이후 미야자키의 모든 영화에 참여하게 됐다.

1983년 미야자키 하야오는 감독 일지에 지브리의 작품 전반에 걸쳐 반복되는 주제를 강조했다.

"현대의 젊은이들은 억눌리고 과도하게 보호받고 관리된 사회에 살며 자립의 길이 막히고 신경과민이 되고 있다. 그들에게 일종의 해방감을 줄 수 있는 영화를 만들고 싶다. 이렇게 불투명한 세상에도 희망이 존재할 수 있을까?"

그러나 모든 요소가 잘 갖춰졌음에도 제작은 순조롭지 않았다. 다카하타 이사오가 '나무늘보의 후손'이란 별명을 얻게 될 정도로 느리게 제작을 진행했고, 프로젝트는 기한을 맞추기 어려워 보였다.

한번은 애니메이션 작업의 속도를 높이기 위해 추가 인력을 구한다는 구인 공고가 《아니메쥬》에 실렸는데, 그중 한 지원자가 젊은 안노 히데아키Hideaki Anno였다. 그는 스튜디오를 방문해 미야자키의 사무실에 들어가 몇 가지 스토리보드 샘플을 전달했다. 그의 작업이 마음에 들었던 미야자키는 신입이던 안노에게 불안정하고 부패하는 '거신병'이 나오는 영화의 가장 중요한, 시각적인 영향력이 큰 장면을 맡겼다. 그렇게 미야자키의 후계자 중 하나로 여겨졌던 안노는 훗날 블록버스터 시리즈 「신세기 에반게리온」을 만들며 자신의 힘으로 애니메이션계의 전설이 됐다.

1984년 3월 일본에서 개봉한 「바람계곡의 나우시카」는 즉각적인 인기를 끌며 백만 장에 가까운 영화표를 판매했다. 영화는 초대형 장편 일본 애니메이션도 성공할 수 있다는 강력한 예를 보여 줬으며 미야자키 하야오의 판타지에 미래가 있다는 스즈키의 판단이 옳았음을 증명했다.

바람의 전사?

「바람계곡의 나우시카」는 논란의 여지는 있지만, 미국에서 최초로 개봉한 미야자키의 영화이다. 로저 코먼의 '뉴 월드 픽처스'가 영화를 인수하여 재편집하고 《스타워즈》 같은 가족용 판타지 모험 영화로 재구성했다. 1985년 「바람의 전사Warriors of the Wind」라는 새로운 제목으로 미국 영화관에서 개봉됐는데 이 사례는 훗날 지브리의 해외 배급 관계에 수년간 영향을 미친다.

스튜디오 지브리의 로고가 앞에 나오진 않지만 누가 이 영화를 만들었는지는 명확하다. 완강하고 어린 여주인공부터 무성한 푸른 들판, 군국주의에 대한 윤리적 탐구와 환경 메시지까지 「바람계곡의 나우시카」는 지브리가 생겨나기도 전에 만들어진 분명한 지브리 영화이다. 창의성과 서사를 야심차게 펼치는 이 영화는 메시지와 범위를 넓히며 아름답게 구성됐다. 지브리의 후기 영화처럼 스타일과 이야기가 잘 조화를 이루진 않지만 첫 영화로서는 대단한 시작이었다.

나우시카는 다른 지브리 작품에 비해 흐릿한 느낌이다. 종말이 온 것 같은 대지와 바다, 하늘과 땅은 파란 색조와 겹쳐져 마치 자연계가 너무 고통 받은 나머지 각각의 경계를 잃은 듯하다. 캐릭터의 윤곽은 다른 지브리 작품보다 좀 더 다듬어져, 이 역시 썩어 가는 환경 속에 빨려 들어간 것처럼 배경에서 돋보이기보단 온화하게 연출됐다. 《아니메쥬》에서 미야자키 하야오가 수년에 걸쳐 창조한 나우시카의 세계가 완전히 실현됐다. 오래된 태피스트리처럼 허구의 세계가 눈앞에 펼쳐지는 듯했고, 작품 이후의 스토리도 짐작할 수 있었다.

독성에 점령된 듯한 썩은 바다 '부해'는 그 아래에 나무줄기가 신경계처럼 얽혀 있는데, 마치 인간의 모습을 본뜬 것처럼 보인다. 제목에도 등장하는 '바람의 계곡'은 프랑스 알프스에 자리 잡은 네덜란드의 풍차와 북유럽 스타일로 만든 유럽 시골 지역의 패치워크처럼 느껴진다. 지브리의 「마녀 배달부 키키」나 「하울의 움직이는 성」에 나온 마을과 흡사하다. 중세 갑옷을 입은 병사들은 이 평화로운 계곡을 제2차 세계 대전의 엔지니어 스케치북에서나 나올 법한 비행기로 침입하며 대조를 이룬다. 판타지와 현실 사이의 세심한 균형은 익숙한 것을 발견할 때 갖게 되는 공감과 상상의 판타지가 주는 즐거움을 모두 느끼게 해 준다.

활동적이고 인내심과 공감 능력을 가진 나우시카는 자연에 강한 애착을 가진 주인공이다. 그녀는 키키와 치히로를 비롯한 많은 지브리 주인공의 위대한 혈통의 선조다. 영화에 나오는 고요하고 사색적인 순간, 나우시카는 '오무'라고 불리는 거대한 곤충의 두껍고 투명한 각막을 사용하여 자신을 보호하면서 독성 포자가 눈처럼 떨어지는 것을 관찰한다. 자연이 가할 수 있는 위험에도 불구하고 나우시카는 그 아름다움을 감상한다. 「이웃집 토토로」의 고양이 버스 무늬가 새겨진 전기 포켓몬 같은 여우다람쥐가 그녀를 물어도 나우시카는 동물이 단지 겁먹었다는 걸 이해하고 안정시켜 결국 길들인다. 그 안의 사람들은 자연 세계와 그것이 끼칠 수 있는 피해를 인류에 대한 공격으로 여긴다. 그러나 나우시카는 자연 세계가 인류에 대응해 자신을 방어하고 있음을 잘 알고 있다.

공감 능력과 함께 나우시카는 두려움 없는 전투 정신으로 잔인한 왕실 병사들에 홀로 맞선다. 또한 총알이 남발하는 공중전에서 군대를 엄호하며 멋진 액션 장면을 보여 준다. 화염 속에서 비행기가 또 다른 비행기를 발사하는 모습은 스튜디오 지브리보다 영화 「분노의 질주Fast and Furious」에 나올 법하다. 안노 히데아키가 그려 낸 지상의 거신병은 이전에도 지구의 많은 부분을 파괴한 대량 학살의 힘을 가진 생체 무기이다. 거신병은 화합보다는 분열을 초래하며 교활하고 불안하고 기괴한 모습으로 무서우면서도 한심한, 끈적거리는 고질라처럼 묘사된다.

관조적인 순간과 웅장한 순간에 완벽한 짝을 이루는 건 지브리의 전설적인 작곡가 히사이시 조가 처음 만든 음악이다. 히사이시 조는 조지 프리데릭 헨델George Frideric Handel의 느낌을 더해 실험적인 신시사이저 재즈와 고조되는 관현악의 균형을 맞추려 노력했다. 결과는 놀라웠다. 도나 서머의 웅장한

디스코 버전인 '맥아더 공원MacArthur Park'과 「반지의 제왕The Lord of the Rings」의 느낌이 나는 놀랍고 웅장한 퓨전 음악이 탄생했다. 지브리 최고의 음악과 견줄 만할 야심 찬 곡이지만 때로는 산만하게 느껴지기도 한다.

영화도 전반적으로 비슷하다고 할 수 있다. 주인공의 적수인 쿠샤나는 복합적인 요소가 부족한 단면적인 '악당'으로 쉽게 분류된다. 추후 지브리 영화에서 악당 캐릭터를 딱 정의하기 힘든 점을 생각하면, 그녀의 의수는 실망스럽게도 너무 뻔해 보이는 설정이다. 영화는 마지막 부분에 잘 맞지 않는 리본으로 비정상적인 도덕관념을 유쾌하게 묶어 내는 메시아적 시도를 한다. 훗날 지브리의 「모노노케 히메」에서는 나우시카에서 시작된 전투와 환경주의, 인류애와 판타지 사이의 관계를 조화롭게 풀어 내며 완벽하게 완성한다. 그럼에도 얼마나 대단한 시작점인가.

상단 그림: 부해 위를 비행할 때 마스크는 필수이다.
왼쪽 그림: 나우시카의 동반자인 여우다람쥐 테토. 미야자키 특유의 털 질감 표현을 보여 주며 지브리의 상품 왕국을 이끈다.

천공의 성 라퓨타
(LAPUTA: CASTLE IN THE SKY, 1986)

스튜디오 지브리, 날개를 달다

감독: 미야자키 하야오
각본: 미야자키 하야오
상영 시간: 2시간 5분
일본 개봉일: 1986년 8월 2일

1985년 6월 15일, 스튜디오 지브리가 탄생했다. 필요성에 의해 만든 회사였지만 야망도 컸다. 「바람계곡의 나우시카」의 흥행 성공에 이어 미야자키 하야오와 다카하타 이사오는 자금을 확보하고 장편 애니메이션 영화를 세련되게 제작해 줄 프로덕션 파트너를 찾는 데 어려움을 겪었다. 그래서 자신들이 회사를 차리기로 했다.

평생에 걸쳐 비행기 애호가인 미야자키는 지중해를 가로지르는 따뜻한 사하라 바람을 뜻하는 '기블리'라는 이탈리아의 군용 정찰기 이름에서 착안해 회사이름을 제안했다. 그 이름처럼 스튜디오 지브리 역시 일본 애니메이션 산업에 신선하고 창의적인 힘을 불러오게 되었다.

「바람계곡의 나우시카」의 후원자이자 애니메이션 잡지인 《아니메쥬》의 출판사 도쿠마 쇼텐이 이 신생 회사의 설립을 도왔다. 《아니메쥬》의 편집자인 스즈키 도시오는 따로 명함을 만들면서까지 갓 설립된 지브리를 비공식적으로 돕는 부업을 자처했다.

나우시카의 후속편을 제작하는 안전한 길 대신 스튜디오 지브리는 더 어린 층의 판타지 모험 장르 쪽으로 첫 장편 영화 프로젝트를 기획하게 된다. 미야자키가 1978년 「미래 소년 코난」으로 능력을 입증한 장르였다. 《걸리버 여행기》와 쥘 베른Jules Verne의 글에 영감을 얻어 1984년 12월 미야자키가 그려 낸 기획안은 결국 「천공의 성 라퓨타」로 탄생한다. 임시 제

목이었던 '어린 파즈와 떠다니는 크리스털의 비밀', '떠다니는 보물섬', '천공의 제국'이 영화의 방향을 알려 준다. 미야자키는 '애니메이션의 기본에 충실한 강렬하고 스릴 넘치는 클래식 액션 영화'라고 적었다.

영화는 스팀 펑크 스타일의 미학을 지닌 19세기풍의 공상 과학 분위기였다. 이에 제작자 다카하타 이사오는 미야자키에게 산업 혁명의 발상지인 영국에 가 조사해 보라고 권했다. 미야자키는 그곳에서 구불구불한 계곡의 풍경과 탄광 산업을 직접 보기 위해 웨일스를 방문했다. 그러나 그에게 가장 깊은 인상을 준 것은 공동체 의식이었다. 미야자키가 방문했던 시기는 광부 노조와 마거릿 대처Margaret Thatcher의 보수당이 대

왼쪽 그림: 영화의 어린 주인공인 시타와 파즈가 천공의 성 라퓨타 위로 올라가는 모습
하단 그림: 잔디에 누워 있는 시타와 파즈. 많은 지브리 작품에 등장하는 편안한 설정

립하던 때로, 길고 긴 파업으로 전역에 광범위한 실업과 빈곤이 만연했다. 미야자키는 후에 잡지 《망가 맥스Manga Max》의 헬렌 매카시Helen McCarthy와의 1999년 인터뷰에서 이렇게 회상했다.

"영국의 광부 노조가 일자리와 지역 공동체를 위해 끝까지 싸운 모습에 감동했어요. 그런 집단의 강인함을 영화에 담고 싶었습니다. 광산과 장비만 덩그러니 남아 있는 곳이 대부분이었죠. 산업의 골격은 그대로인데 노동자는 보이지 않는 게 매우 인상적이었습니다. 한 명도 찾아볼 수 없었죠."

1986년 8월 극장에 개봉된 「천공의 성 라퓨타」는 전작 「바람계곡의 나우시카」에 비해 흥행 성적이 3분의 2에 불과했다. 그러나 시간이 갈수록 명성이 높아졌고 일본의 인기 롤플레잉 시리즈인 '파이널 판타지Final Fantasy'와 같은 비디오 게임과 애니메이션 산업 전반에 큰 영향을 줬다. 지브리의 충직한 일

원인 히사이시 조가 작곡한 「천공의 성 라퓨타」의 사운드트랙 앨범은 베스트셀러가 됐다. 또한 비디오가 출시되고 TV에도 자주 방영되면서 열렬한 마니아들도 생겨났다.

「천공의 성 라퓨타」의 TV 방영은 지브리에 아주 특별한 전통과 기록을 선사한다. 일본 방송에서 「천공의 성 라퓨타」를 방영할 때 영화 마지막 순간 마법의 주문인 '바루스'가 외쳐지면 시청자들이 트위터에 '바루스'라고 올리는 관례가 생긴 것이다. 그런 대단한 인기로 2013년 8월 팬들은 초당 가장 많은 트윗 기록을 깨부수기도 한다. 영화에서 바루스가 외쳐지는 순간에는 초당 14만 개의 트윗이 게시될 정도였다.

상단 그림: 전설적인 라퓨타 성
오른쪽 그림: 「천공의 성 라퓨타」의 일본판 포스터

●文化庁優秀映画
●毎日映画コンクール大藤賞
●中央児童福祉審議会特別推薦

●日本映画復興特別賞
●アニメグランプリ・グランプリ受賞

天空の城 ラピュタ

■「風の谷のナウシカ」に続く宮崎駿の感動巨編！

日本中を熱狂させる 愛と冒険のロマン！
■数々の受賞に輝くアニメ史上最高の傑作！

原作・脚本・監督 宮崎 駿 ◆製作 徳間康快 ◆企画 山下辰巳/尾形英夫 ◆プロデューサー 高畑 勲 ◆徳間書店作品 ◆音楽 徳間ジャパン　　提供 大映株式会社

기블리? 지브리?

끝나지 않는 논쟁이다. 지브리를 논하다 보면 어김없이 등장하는 주제. 'Ghibli'를 어떻게 발음하냐는 거다. 일본인 미야자키가 이탈리아어에서 착안한 이 단어를 영어 발음으로 옮기자면 '기블리'일까 '지브리'일까? 《스튜디오 지브리의 현장 스토리Mixing Work with Pleasure》라는 회고록에서 스즈키 도시오는 명확한 답을 주며 책을 마무리한다. "그건 그렇고 이탈리아어에서 가져온 'Ghibli'라는 단어를 '지브리'로 부르는 우리의 발음은 음성학적으로 옳지 않다. 맞는 발음은 '지브리'가 아닌 '기블리'였어야 한다. 하지만 바로잡기엔 너무 늦었다."

왼쪽 그림: 미야자키가 디자인한 라퓨타 성의 거대한 로봇은 그가 작업 했던 애니메이션 시리즈 「루팡 3세」에 등장한 로봇이 바탕이 됐으며 플라이셔 스튜디오가 제작한 1941년 작 단편 영화 「슈퍼맨: 기계 괴물」에서 영감을 받은 것으로 알려져 있다.
상단 그림: 파즈와 시타가 필사적으로 천공의 성에 매달린 모습

「천공의 성 라퓨타」 감상 후기

지브리 미술관의 토성극장을 방문하면 2002년 작 단편 영화인 「상상의 비행 기계Imaginary Flying Machines」를 보는 행운을 얻을 수 있다. 미야자키 하야오가 각본과 연출, 성우까지 담당한 이 영화는 원래 「천공의 성 라퓨타」의 전시에 곁들이기 위해 제작됐다. 다양한 형태의 항공기를 속도감 있게 담아 내며 미야자키는 항공기 창작에 대한 그와 다른 예술가들의 생각을 보여 준다. 「붉은 돼지」에서도 알 수 있듯이 그는 애니메이션 업계 최고의 비행기 광이다. 미야자키의 꾸준한 비행기 사랑이 엿보이는 「천공의 성 라퓨타」 오프닝 타이틀은 고대 문자판 느낌의 라인 에칭 스타일을 사용했는데 「상상의 비행 기계」는 그 타이틀을 업데이트한 원대한 슬라이드 쇼 같다. 이렇게 수년 후에도 타이틀 장면의 스타일을 반복하며 미야자키는 비행기와 「천공의 성 라퓨타」를 향한 열정을 드러낸다. 「천공의 성 라퓨타」는 스튜디오 지브리가 공식 설립 후 만든 첫 작품이자 지브리의 방향을 보여 준 영화였다.

염세적 분위기인 「바람계곡의 나우시카」에 비해 「천공의 성 라퓨타」는 보다 밝은 편이다. 주인공 파즈와 시타는 초라해 보여도 앳되고 씩씩하며, 이들의 진실한 모험 이야기는 영화에 순수함을 더해 준다. 어린 광부인 파즈는 탄광 안에서 일하는 걸 즐기고 새 떼들과 트럼펫 연주를 좋아한다. 곧은 성격의 농장 소녀 시타는 사실은 공주 신분이다. 영화의 도입부에서 하늘에

서 떨어진 시타는 빛나는 원석 목걸이 덕분에 공중을 떠다니다 파즈에 의해 구조된다. 마법처럼 만난 그들은 '라퓨타'라는 전설적인 천공의 도시로 향한다. 그리고 그 과정에서 악당 무스카 대령과 그렇게 악하지만은 않은 돌라 해적단에게 쫓기게 된다.

우스꽝스러운 실수와 재치 있는 대사, 근육을 부풀리며 뽐내는 묘기를 선보이는 장면들은 만화적 요소가 짙고 재밌다. 인기 애니메이션 영화와 TV 시리즈인 「루팡 3세」의 익살스러운 캐릭터들로 첫 경력을 쌓기 시작한 미야자키의 스타일이다. 「천공의 성 라퓨타」의 디자인 역시 미야자키의 장편 영화 데뷔작인 「루팡 3세: 칼리오스트로의 성」을 떠오르게 한다. 특히 영화의 웅장한 마지막 장면에 등장하는 로마네스크 양식의 기둥과 수로는 「천공의 성 라퓨타」로 옮겨 왔다. 「바람계곡의 나우시카」의 여우다람쥐가 이 작품에도 잠깐 등장하는 점이 전작을 답습하는 듯 보여도 「천공의 성 라퓨타」는 스튜디오 지브리가 가지고 갈 스타일과 등장인물 묘사, 주제 전개의 새로운 방향을 보여 줬다.

키키의 튀는 빨간색 헤어밴드나 헐렁하고 우중충한 드레스를 보자. 나오기까지 오래 걸렸던 「마녀 배달부 키키」는 개봉되기 3년 전에 등장한 시타의 스타일에 분명 영향을 받았다. 콧수염이 있고 둥근 안경을 쓴 해적 엔지니어 모트로가 험상궂게 기

계를 돌리는 모습은 몇 년 뒤 개봉하는 「센과 치히로의 행방불명」의 보일러 맨, 가마 할아범과 매우 흡사하다. 토토로의 마법의 숲 꼭대기에 피는 녹나무는 2년이란 간격이 있지만 라퓨타 성의 가운데 있는 거대한 나무에서 그 기원을 찾을 수 있다.

또한 두꺼운 빵 위에 노릇한 계란을 올려 친구와 사이좋게 나눠 먹는 장면은 지브리 작품 속 최고의 아침 식사 장면이다. 여느 지브리의 멋진 음식 장면들처럼 맛과 믿음, 고요한 순간을 주인공들이 함께 느끼며 교감하게 해 준다.

「바람계곡의 나우시카」보다 가벼운 느낌일 수는 있어도 주제 면에서 「천공의 성 라퓨타」는 미야자키가 평생 그의 작품을 통해 전달하고자 한 환경주의와 전쟁에 대한 생각을 잇는다. 파즈의 광산 마을 지하 동굴이 밤하늘만큼 황홀하고 아름답게 빛나는 장엄한 장면은 하늘의 별에 느끼는 경이로움과 동일하게 우리 발아래의 대지를 숭배하는 미야자키의 관점을 보여 준다. 영화에서도 라퓨타 성이 전쟁터가 되고 도시의 시설이 붕괴되는 동안 악당 무스카가 바이러스로 여긴 나무뿌리가 결국 영

웅들을 구한다.

철면피 군국주의자인 무스카 대령은 지브리 영화에 등장하는 악당치고는 실망스럽게도 단편적인 모습을 보인다. 하지만 로봇은 괴력과 순진무구한 방어를 보여 주며 가슴을 울리는 흥미로운 캐릭터다. 로봇은 무기로 조종당하지만 독립적인 순간에는 자연을 아끼는 평화주의자로 등장한다. 그들이 가하는 폭력에도 불구하고 로봇은 미야자키가 이후 계속 강조하는 이분법적인 평화의 상징처럼 느껴진다. 이 주제는 미야자키의 전쟁 영화 「바람이 분다」에서 가장 직접적으로 다뤄진다. 군대와 해적의 항공기보다 더 높이 뜬 파즈와 시타의 민첩한 글라이더가 가장 먼저 라퓨타 성에 도착한 것은 무기가 없는 비행선이 결국 승리자가 됨을 보여 주며 더 깊은 메시지를 전달한다. 특히 히사이시 조는 '꿈, 로맨스, 모험'을 표현한 신시사이저와 관현악의 완벽한 조화를 이룬 곡으로 이를 돕는다.

미야자키는 영화를 통해 그의 '어린 시절 꿈'을 다시 그리고 싶었다고 말한다. 그리고 하늘로 비상하는 장면에서 그것은 더는 상상의 비행 기계가 아니라 미야자키의 꿈을 구현했다.

상단 그림: 시타가 목에 건 스튜디오 지브리의 마법
왼쪽 그림: 어린 영웅 시타와 파즈가 모험과 전투의 최전선에 있는 자신들을 발견한다.

이웃집 토토로
(MY NEIGHBOUR TOTORO, 1988)

아이콘의 탄생

감독: 미야자키 하야오
각본: 미야자키 하야오
상영 시간: 1시간 28분
일본 개봉일: 1988년 4월 16일

미야자키 하야오가 월트 디즈니WALT DISNEY나 스티븐 스필버그STEVEN SPIELBERG에 대한
일본의 답이라는 다소 환원주의적 관점으로 본다면
털북숭이 숲의 정령인 토토로는 분명 그들의 미키 마우스와 E.T.일 것이다.
새로운 생명체인 토토로는 당시 일본 어린이 세대의 아이콘으로, 특히 상품화가 쉬워 돈을 끌어모았다.
토토로의 동그랗고 폭신한 형태는 대형 인형과 안락한 야간 조명, 편안한 큰 슬리퍼로 쉽게 상품화됐다.

스튜디오 지브리 로고 속에 빛나는 토토로는 해외에도 지브리 브랜드를 알리는 역할을 하게 된다. 「토이 스토리3Toy Story 3」와 「심슨 가족The Simpsons」부터 《엑스맨X-Men》과 《샌드맨The Sandman》 코믹스 같은 서구 미디어에 토토로가 깜짝 등장할 정도였다. 그러나 훗날 스튜디오 지브리 제국의 성장을 볼때 1980년 후반의 토토로는 단지 도토리 같은 존재에 불과했다.

앞선 두 편의 장편 영화 이후 미야자키 하야오는 차기작으로 좀 더 정적인 어린이용 영화를 구상했다. 미야자키는 감독 일지에 "「이웃집 토토로」로 행복하고 가슴이 따뜻해지는 영화를 만들려 한다. 관객이 영화를 보고 즐겁고 좋은 기분으로 집으로 돌아갈 수 있는 그런 영화."라고 적었다.

특히 이 전의 두 영화가 서구 문학에서 많은 영향을 받아 만든 가상 세계였다면 「이웃집 토토로」는 일본식 배경과 이야기에 집중했다.

상단 그림: 메이와 새로운 이웃의 만남
왼쪽 그림: 두 가족의 이야기. 메이와 사츠키 자매가 토토로들과 시간을 보내고 있다.

미야자키는 "우리는 일본에 살고 있고 분명 일본인인데 일본을 그리지 않는 애니메이션을 계속 만들고 있다."라며, 전쟁 후 시대를 배경으로 두 명의 어린 소녀가 이사한 시골집 근처에 사는 숲의 정령과 나누는 우정을 그렸다. 미야자키는 '우리가 그동안 잊고서 깨닫지 못한 것, 잃어버렸다고 생각한 것'을 떠올리길 바랐다.

스튜디오 지브리의 재정을 지원하는 모회사인 도쿠마 쇼텐은 다정한 숲의 정령과 함께하는 귀여운 모험 이야기에 처음엔 관심을 보이지 않았다. 그들은 「천공의 성 라퓨타」나 「바람계곡의 나우시카」 같은 이국적인 외국어 제목을 가진 또 다른 판타지 모험 영화를 기대했다.

그런 이유로 초창기에 「이웃집 토토로」는 짧은 길이의 비디오

왼쪽 상단 그림: 미야자키의 마법은 우리의 일상 풍경에서 언제나 발견할 수 있다.
왼쪽 하단 그림: 빗방울이 우산에 떨어지는 소박한 즐거움에 기뻐하는 토토로
하단 그림: 그 자체로도 상징적인 히사이시 조의 토토로 주제곡은 전 세계 콘서트에서 연주되며 청중을 매료시킨다. 2011년 파리에서의 공연 모습.

용 영화로 끝날 수도 있었다. 하지만 스즈키 도시오가 스튜디오 지브리의 공동 창립자인 다카하타 이사오의 첫 번째 지브리 장편 영화, 「반딧불이의 묘」의 후원을 확보하자 이야기는 달라졌다. 원작 소설의 출판권을 가지고 있는 신초샤가 「반딧불이의 묘」의 자금을 지원하기로 하자, 전략적인 프로듀서 스즈키는 권위적이고 위계질서를 따지는 일본의 비즈니스 관행을 스튜디오에 유리하게 이용하려 했다. 스즈키는 "신초샤와 도쿠마 쇼텐이 손을 잡고 각각 영화를 만들어 두 편을 동시에 상영하는 겁니다. 신초샤는 도쿠마 쇼텐보다 역사가 길었고 이는 출판사 사장들이 중요시하는 부분이었죠. 신초샤의 사장이 제안하면 도쿠마 쇼텐은 받아들일 수밖에 없습니다."라고 계획했다. 계약은 성사됐고 이 신생 스튜디오는 두 편의 영화 제작에 들어갔다. 다카하타 이사오의 「반딧불이의 묘」와 장편 영화가 된 미야자키 하야오의 「이웃집 토토로」는 1988년 4월 극장 동시 개봉을 준비했다. 그 후 나머지는 술술 풀렸다.

물론 영화가 실제로 개봉하기까지는…… 쉽지 않았다. 두 편 동시 상영이라는 대담한 도박으로 각 영화는 성공적으로 자금을 조달했고 블록버스터보다 더 의미 있는 히트작이 됐다. 두 영화는 함께 '블루리본 어워드'에서 특별상을 받았으며 토토로

는 권위 있는 일본 영화 잡지인 《키네마 준부》에서 최우수 영화로 선정됐다. 「이웃집 토토로」의 박스오피스 초기 성적은 대히트가 아닌 적당한 정도였지만, 가정용 비디오 출시, 무엇보다 캐릭터 상품으로 큰 이익을 얻었다. 1990년이 되어서야 스튜디오 지브리는 캐릭터 라이선스의 가치를 깨닫고, 토토로 장난감과 기타 제휴 상품들로 수십억 달러를 벌게 됐고 토토로의 명성은 귀여운 캐릭터에서 국가적인 아이콘으로 눈덩이처럼 커졌다.

토토로가 세계 무대에 등장하는 데는 시간이 걸렸다. 「이웃집 토토로」는 1991년 런던 바비칸 센터에서 먼저 상영된 후 1993년 미국 극장에서 독립 영화와 해외 영화를 배급하는 '50번가 영화사50th Street Films'를 통해 제한적으로 개봉됐다. 이 영화사는 악명 높은 B급 슬랩스틱 호러 영화사인 '트로마 엔터테인먼트Troma Entertainment'의 자회사이기도 하다. 이듬해 폭스 비디오가 미묘하게 미국 느낌이 나는 퓨지 그림과 '스트림라인 엔터테인먼트Streamline Entertainment'에서 제작한 영어 더빙을 담은 비디오를 출시했다.

이 비디오는 50만 개가 넘게 팔린 것으로 기록됐다. 하지만 대부분의 초창기 지브리 영화처럼 「센과 치히로의 행방불명」이 성공하고 2006년 '월트 디즈니 홈 엔터테인먼트Walt Disney Home Entertainment'와 '옵티멈 릴리징Optimum Releasing'이 각각 미국과 영국에서 DVD를 발매한 후에야 영어권 국가에서 진정한 인기를 누렸다.

미국의 저명한 시나리오 작가인 로저 에버트Roger Ebert는 「이웃집 토토로」를 '위대한 영화' 목록 중 한 작품으로 꼽았다. "이 영화를 볼 때마다 나는 미소 짓고, 웃고 또 웃게 된다." 가장 예상 밖의 팬은 전설적인 영화감독 구로사와 아키라Akira Kurosawa다. 그는 「라쇼몽」과 「7인의 사무라이」, 「요짐보」와 「란」 같은 뛰어난 작품들로 세계 무대에 일본 영화를 선보인 거장이다. 「이웃집 토토로」는 구로사와 감독이 제일 좋아하는 100편의 영화 목록에 포함됐다고 알려져 있다. 1993년에 찍은 TV 특별 인터뷰에서 80대의 구로사와 감독은 이렇게 말하며 미야자키를 놀라게 했다.

"토토로에 나오는 버스를 아주 좋아해요. 그런 장면은 이 업계에서 나 같은 사람은 절대 만들 수 없는 거죠. 정말 부러운 일입니다."

구로사와는 또한 미야자키가 실사 영화도 훌륭하게 만들 거라고 언급한 것으로 알려져 있다. 미야자키는 자신의 명예와 팬들을 생각하며 흔들리지 않았다. 그는 사실 이 말을 칭찬으로 듣지 않았다. 마치 애니메이션이 실사 영화보다 열등하거나 실사 영화를 찍기 위한 발판에 지나지 않는다는 느낌을 받은 것이다. 그러나 머지않아 미야자키의 이름은 구로사와만큼이나 세계적으로 유명해졌다.

상단 그림: 토토로 상품화의 예를 보여 주는 과자
34-35쪽 그림: 「이웃집 토토로」의 한 장면, 마치 지브리 팬들의 심정을 보여 주는 듯하다.

버스 정류장에서 토토로 옆에 서 있는 이 수수께끼의 소녀는 누구일까? 사실 미야자키가 처음에 생각했던 주인공은 한 명이었다. 영화를 제작하며 그는 하나의 캐릭터를 두 자매인 메이와 사츠키로 나눴다. 하지만 「이웃집 토토로」의 이 상징적인 포스터 그래픽에선 두 명의 사랑스러운 캐릭터가 하나로 합쳐진 착시현상처럼 보인다.

「이웃집 토토로」는 스튜디오 지브리 그 자체다. 1991년부터 지브리의 로고에 토토로가 쓰이고 토토로가 스튜디오의 마스코트가 되어 지브리 브랜드를 국제적인 규모로 알리고 「토이 스토리 3」에 크로스오버로 출연했기 때문이 아니라, 스튜디오 지브리의 본질을 담고 있기 때문이다.

'지브리'라는 이름은 많은 생각을 불러온다. 비교 불가능한 장인 정신, 절정으로 치닫는 음악, 많은 고양이와 편안함이 떠오른다. 지브리는 사람들의 눈과 귀에 편안함을 주는 '휘게Hygge' 방식을 고수했다. 겨울밤 따뜻한 김이 나는 라면 한 그릇이 되는 영화 스튜디오, 그게 지브리다. 「이웃집 토토로」는 그러한 따스함이 88분 속에 완벽히 스며든 영화다. 볼 때마다 새롭고 놀라운 디테일들은 결코 질리지 않는다. 영화에서 유령의 집이나 죽음, 산업화와 영적 존재 같은 주제를 다루긴 하지만 실제 그 단어들만큼 무겁게 느껴지지 않으며 잔잔한 이야기 안에서 부드럽게 다뤄진다.

일본의 전후 시대에 사는 쿠사카베 가족은 시골로 이사한다. 쿠사카베 타츠오와 두 딸 메이와 사츠키는 곧 무너질 것 같은 낡은 집에서 살기 시작하고 아이들의 어머니 야스코는 근처 병원에서 요양 중이다. 집 앞에는 거대한 녹나무가 가운데 자리한 숲이 있고 그 안에 살고 있는 숲의 정령 가족과 메이, 사츠키는 교류를 시작한다. 때로는 함께 버스를 기다리고 때로는 하루 아침에 울창한 숲을 만드는 그들의 모험은 매 순간이 완벽한 마법 같다.

「이웃집 토토로」의 세계에 두려움은 없으며, 그런 두려움의 징조가 있을 때도 금방 웃음으로 승화된다. 처음 집에 도착하여 유령이 나온다는 소리를 들어도 두 소녀는 새 친구나 또 다른 놀 거리가 생긴 것처럼 받아들인다. 그들은 여기저기를 돌아다니다 정원으로 돌진한다. 솜뭉치와 거미의 중간 존재 같은 '숯 검댕이'를 발견했을 때는 즐겁게 비명을 지른다.

지브리의 청소법은 유일무이하다. 지브리 영화의 청소 장면을 보고 있자면 무언가를 청소하고 싶은 마음이 든다. 미야자키는 쿠사카베 가족이 새로운 삶을 시작하는 과정을 보여 준다. 구식 물 펌프와 마루 위로 신나게 미끄러지는 걸레, 발로 빨래를 밟아 옷이 철퍼덕거리는 모습. 바람으로 창이 달그락거리자 소녀들은 무서워하고 아빠 타츠오는 따스한 욕조의 안락함 속에서 딸들이 두려움을 웃음으로 넘기며 새로운 집의 교향곡에 합류하도록 가르친다. 우리는 이들의 화목한 모습을 감상하다 나중에서야 소녀들의 엄마가 보이지 않는다는 사실을 알아차린다.

병원에서 메이와 사츠키는 천진난만하게 열렬히 엄마와 소통한다. 하지만 해맑은 아이들과 대조된 엄마의 병과 퇴원 시기의 불확실성은 죽음을 떠올리게 한다. 유령과 집을 뒤흔드는 매서운 바람 소리, 어머니의 오랜 병에도 메이와 사츠키가 보여 주는 낙천주의와 모험심은 보는 이의 마음을 움직인다.

이제 왕이 등장한다. 모든 훌륭한 조연 캐릭터가 늦게 등장하

왼쪽 그림: 토토로의 목젖 시점에서 바라본 메이와 토토로와의 첫 만남
오른쪽 그림: 귀엽거나 오싹하거나! 고양이 버스는 미야자키가 만든 가장 묘한 매력을 가진 창조물이다.

듯이 토토로는 잠깐의 등장에도 영화 전체를 장악한다. 집과 정원을 돌아다니던 메이는 뾰족한 귀와 큰 눈을 가진 쿠션 같은 작고 하얀 정령을 만난다. 그다음 몸집이 조금 더 큰 파란색 생명체를 만난다. 천성적으로 겁이 없는 메이는 숲으로 걸어가는 그들을 따라간다. 거대한 녹나무 기슭에 다다랐을 때 나무 구멍으로 굴러떨어지지만 이내 폭신한 곳에 착지한다.

바로 토토로다. 고양이와 토끼, 개와 곰, 올빼미를 조금씩 섞어 놓은 생명체. 보는 즉시 편안함을 주는 지브리의 느낌을 눈에 보이게 표현한 것이다. 착한 메이는 토토로 왕의 눈을 빤히 본다. 토토로도 그녀를 바라본다. 둘은 순식간에 통한다. 메이는 토토로를 굵고, 코를 간지럽힌다. 토토로는 큰 하품을 하고 둘은 곧 아주 평화롭게 잠이 든다. 그다음 달팽이가 나뭇가지를 기어오르는 모습 뒤에 물방울이 연못에 떨어지는 장면이 나온다. 이 모두가 미야자키의 작품에서 볼 수 있는 환상과 자연, 인간의 이상적인 조화를 집약적으로 보여 준다.

지브리의 작품 중에서도 돋보이는 또 다른 장면은 두 자매가 아버지를 마중하기 위해 버스 정류장에서 기다리는 순간이다. 빗속에 기다리며 사츠키는 우산 테두리 아래로 크고 털이 많은 발에 시선이 멎는데 거기엔 거대한 잎사귀 모자를 쓰고 큰 눈으로 마주 보는 토토로가 있다. 사츠키는 토토로에게 여분의

우산을 주고 함께 버스를 기다린다. 이 장면은 이후 전설이 된다. 멀리서 버스의 불빛이 보인다. 그런데 그냥 버스가 아니다. 고양이다. 쥐들을 헤드라이트로 쓰고, 1950년대 공상 과학 사운드 같은 효과음과 함께 문이 열리는 고양이 버스는 놀라움을 준다. 익살스러운 미소와 몸의 구멍이 처음엔 오싹해 보일 수 있지만, 스크린에 등장한 순간부터 관객의 마음을 사로잡는다.

토토로 일당들과 친해진 자매의 가장 큰 모험은 텃밭에서 펼쳐진다. 도토리를 심은 텃밭 주변에서 아이들과 숲의 정령들이 도토리가 빨리 자라나길 바라며 함께 춤을 춘다. 히사이시 조가 작곡한 천상의 음악이 울려 퍼지며 녹색 나뭇잎들이 화면을 가득 채운다. 환경과의 조화를 웅장하게 보여 주는 미야자키의 비전이 담긴 장면으로 숨이 막힐 정도로 아름답다.

영화의 마지막 장면에서 토토로들은 녹나무 꼭대기에 앉아 커다란 눈으로 세상을 바라본다. 그들을 보면서 우리는 살면서 힘든 일을 만나더라도 의연하게 견뎌 낼 용기와, 가장 어려울 때 나타나는 커다란 털북숭이의 선량한 마음을 기억하며 위안을 받는다. 잃어버린 아이를 찾는 것을 돕거나 좋은 낮잠 장소를 제공하는 토토로의 넓은 마음 말이다. 토토로는 여전히 사츠키가 선물한 우산을 들고 있고 우리는 토토로라는 큰 선물을 받았다.

반딧불이의 묘
(GRAVE OF THE FIREFLIES, 1988)

다카하타의 최루성 영화

감독: 다카하타 이사오
각본: 다카하타 이사오
상영 시간: 1시간 29분
일본 개봉일: 1988년 4월 16일

영화의 접근성이 스튜디오 지브리의 국제적인 명성을 좌우했다.
해외 배급 덕분에, 미야자키의 세계적인 판타지 작품인 「이웃집 토토로」와 「센과 치히로의 행방불명」은
지브리의 대명사가 됐다. 그러나 미야자키의 작품은 스튜디오 지브리 이야기의 일부분일 뿐이다.
우리는 이 책에서 스튜디오의 작품들을 소개하며 베일에 가려진 신화 같은 존재,
지브리의 공동 창업자인 다카하타 이사오의 작품을 알리고자 한다. 다카하타는 '파쿠 씨'라는
애칭으로도 불렸는데 '먹어치우기쟁이'라는 뜻으로 해석될 수 있다.

미야자키는 그 애칭이 다카하타의 잦은 지각 때문에 생겼다고 말한다. 자주 늦잠을 잔 다카하타는 급하게 사무실에 달려 와서는 아침을 허겁지겁 먹곤 했기 때문이다.

다카하타가 스튜디오 지브리에서 만든 장편 영화 5편은 해외에 진출하는 데 오랜 시간이 걸렸지만 1980년대에 그는 이미 영향력 있는 영화 제작자였다. 1960년대 '도에이 애니메이션'에서 꾸준히 일해 온 다카하타는 1986년 「태양의 왕자 호루스의 대모험」의 감독을 맡으며 야심차게 데뷔했다. 이 영화는 흥행에는 실패했지만, 일본 애니메이션계에 중요한 이정표가 됐다. 당시 도에이 애니메이션의 신입 직원으로 영화의 원화를 담당한 미야자키 하야오와 공동으로 작업한 첫 영화이기도 했다.

상단 그림: 반사된 모습. 세츠코가 물속에 비친 자신을 본다.
왼쪽 그림: 어린 주인공 세츠코는 전 세계 많은 팬을 울렸다.

미야자키와 같이 또는 혼자서, 다카하타는 「팬더와 친구들의 모험」과 「쟈린코 치에」, 「첼리스트 고슈」부터 세계 명작 극장 산하의 TV 시리즈인 「알프스 소녀 하이디」와 「빨간 머리 앤」, 「엄마 찾아 삼만 리」와 같은 영화를 감독하며 훗날 지브리에서 일하게 되는 젊은 애니메이터들에게 영감을 주었다.

이 시리즈와 장편 대부분은 현재 영국과 미국에서 유통되지 않는다. 영어권 국가에서는 아직도 다카하타와 그의 작품에 대

해 모르는 것이 너무 많다. 2021년 BFI 필름 글래식이 출간한 알렉스 드독 드 위트Alex Dudok de Wit의 「반딧불이의 묘」에 관한 책은 다카하타에 대해 널리 보급된 최초의 심층적 비평문으로, 그동안 오해받거나 과소평가되기도 한 영화와 감독을 세상에 알려 줬다. 드독 드 위트는 다카하타가 스튜디오 지브리의 '공동 창업자'라는 위치에도 1985년 6월 거행된 체결식에서 공식 문서에 자신의 직인이 들어가는 걸 거부했다는 사실을 주목했다. 다카하타는 대신 '전속 각본가'라는 역할은 없는지 스즈키에게 묻기도 했다.

그런데도 다카하타는 지브리의 설립에 한 가지 매우 특별한 방식으로 도움을 주었다. 「바람계곡의 나우시카」가 엄청난 성공을 거둔 후 미야자키는 그 수익을 다카하타 감독의 야나가와 마을을 배경으로 한 잠정적인 영화 프로젝트에 투자했다. 다카하타가 대신 만든 것은 「야나가와 수로 이야기|The Story of Yanagawa's Canals」로 지역 생활에서 운하 시스템의 역할, 지속적인 보존에 대해 거의 실사로 다룬 3시간짜리 다큐멘

터리였다. 훗날 프로듀서인 스즈키 도시오는 마음대로 영화를 만든 다카하타로 인해 잃은 돈을 만회하기 위해 지브리 첫 장편인 미야자키의 「천공의 성 라퓨타」가 만들어졌다고 말했다.

이 독특한 천재들을 어떻게 설명할 수 있을까? 비틀스Beatles로 치자면 미야자키 하야오는 많은 이들에게 사랑받는 가족 친화적인 꿈을 그리는 스튜디오 지브리의 폴 매카트니Paul McCartney 같은 존재다. 그는 시간과 에너지만 있다면 사실 혼자서 모든 역할을 해낼 수 있는 다재다능한 장인이다. 다카하타 이사오는 조지 해리슨George Harrison의 느낌도 살짝 나는 존 레논John Lennon이다. 그는 자신이 선택한 매체의 한계에 노전하는 인습 타파 수의자이자 다른 사람과 같이 일하길 좋아하며 미래를 내다보는 창조자다. 소화하기 난해한 소재와 복잡한 주제들을 많이 다루는 작가이기도 하다.

지브리 시대에는 미야자키의 영화의 스타일이 점점 비슷해지지만, 다카하타의 영화는 더욱 혁신적이고 다양하게 예측 불가능해졌다. 자주 상업적인 성공 가능성은 뒤로 밀려났다. 스즈키 도시오는 한계점을 지나 핵심 크리에이티브 파트너, 스튜디오의 배후 조종자, 천재 동료들을 위한 든든한 조력자 역할을 모두 해내는 말하자면 '다섯 번째 비틀스' 멤버가 됐다. 다카하타가 지브리에서 만든 첫 장편 애니메이션의 아이디어는 스즈키에서 나왔다. 그는 노사카 아키유키Akiyuki Nosaka의 자전적인 경험이 들어간 1967년 작 단편 소설 《반딧불이의 묘》를 각색하자고 제안했다. 이 책의 출판사인 신초샤는 영화 산업에 진출하고자 제작 비용을 지원했다. 이는 두 지브리 장편 영화를 제작하는 스즈키의 마스터플랜에 중요한 역할을 했다.

미야자키와 달리 다카하타는 전문 애니메이터가 아니어서 프로젝트에 참여하는 핵심 인력들은 작품의 완성도를 위해 중요했다. 다카하타의 「반딧불이의 묘」를 위해 지브리의 스타 애니메이터인 콘도 요시후미가 애니메이션 감독과 캐릭터 디자이너 역할을 맡았다. 다카하타와 미야자키 모두 콘도를 자신의 영화에 쓰고 싶어 했기 때문에 스즈키가 나서서 묘한 상황을 해결했다. 모모세 요시유키가 애니메이션 감독 보조와 컨셉 아티

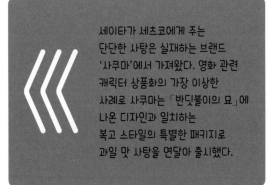

세이타가 세츠코에게 주는 단단한 사탕은 실재하는 브랜드 '사쿠마'에서 가져왔다. 영화 관련 캐릭터 상품화의 가장 이상한 사례로 사쿠마는 「반딧불이의 묘」에 나온 디자인과 일치하는 복고 스타일의 특별한 패키지로 과일 맛 사탕을 연달아 출시했다.

상단 그림: 즐겁게 반딧불이를 바라보는 세츠코의 환한 미소가 영화의 중심에 있는 비극을 부각시킨다.

스트로, 업계에서 오랜 경력을 쌓은 야스다 미치요가 컬러 디자이너로 침어하며 「태양의 왕자 호루스의 대모험」에서 쌓은 다카하타와의 인연을 이어 갔다. 최상의 팀으로 보이지만 제작 과정은 순조롭지 않아, 미야자키는 마감을 지키지 못하는 다카하타를 '나무늘보의 후손'이라고 표현하기도 했다. 방대한 참고 자료를 찾아보고 배경 장소를 물색하고 4세 소녀의 성격을 관찰하러 어린이집을 방문하는 철저한 조사 과정으로 제작은 예정보다 늦어졌다. 다카하타는 일정을 연기해 달라고 했지만 1988년 4월 개봉일은 늦출 수 없어서 결국 미완성 영화 개봉이라는 결과를 낳았다.

「이웃집 토토로」와 「반딧불이의 묘」를 동시에 개봉하는 갑작스런 진환은 자금을 확보하는 기발한 시도였지만 프로그램 제작자와 영화 관객 모두를 곤란하게 했다. 동시 개봉으로 이 신생 스튜디오의 흥행 성적은 계속해서 하향세를 보였다. 「바람계곡의 나우시카」가 91만 5천, 「천공의 성 라퓨타」는 77만 5천의 관객을 동원한 반면 45만 명이라는 성적을 얻은 「반딧불이의 묘」는 후에 애니메이션과 전쟁 영화, 종일 눈물을 흘리게 만드는 영화부문에서 가장 칭송받는 지브리 작품이 됐다.

이 영화는 지브리 작품 중에서도 다카하타에게 완벽하게 어울리는 작품이라 할 만하다. 스튜디오 최고의 작품이지만 조금은 결이 다르다. 특히 배급에 관해서는 말 그대로 다른 길을 갔다. 신쵸사와의 독특한 자금 계약으로 「반딧불이의 묘」는 몇 특정 지역에서 지브리 작품과는 다른 배급사를 갖게 되어, 2020년 넷플릭스와 HBO 맥스와의 기념비적인 스트리밍 인수가 발표됐을 때 「반딧불이의 묘」는 리스트에서 빠지게 된다. 그러나 독자 노선을 타는 다카하타의 스타일을 생각하면 이해가 됐다.

상단 그림: 「반딧불이의 묘」는 다카하타 이사오 감독의 저명한 경력을 보여 주는 걸작으로 꼽힌다. 1996년 언론 인터뷰에서 찍힌 사진.
오른쪽 그림: 세츠코를 등에 업은 채 충격적인 폭격에 휩싸인 세이타. 지브리가 전쟁의 폐해를 가장 절망스럽게 보여 준 장면이다.

미야자키 하야오의 열렬한 옹호자이자 미국의 유명한 영화 평론가인 로저 에버트ROGER EBERT는 다카하타 이사오의 작품도 극찬하며 이 영화를 이렇게 평가한다. "너무 큰 감동을 주어 애니메이션에 대해 다시 생각해 보게 한다. 「반딧불이의 묘」는 애니메이션으로 표현된 대단히 극적인 요소를 가진 영화이다."

「반딧불이의 묘」 감상 후기

대부분의 지브리 팬들은 이 영화가 스튜디오의 가장 훌륭한 작품이자 위대한 작품이라고 할 것이다. 그러나 다시 보진 않을 가능성도 크다. 「반딧불이의 묘」는 스토리만큼이나 애니메이션도 매우 뛰어난 예술 작품이다. 그리고 지금까지 만들어진 영화 중 가장 슬프기도 하다.

굶주린 소년이 자신이 죽은 날 밤을 이야기하는 장면으로 영화가 시작되니 말은 다 했다. 충격적이고 직설적이며 인류의 현실을 다루는 영화이지만 자연과 전쟁의 이데올로기적 탐구와 영적인 기차 탑승 장면에선 광범위하고 판타지적인 지브리 작품의 요소를 두루 갖추고 있다.

「반딧불이의 묘」는 10대 소년인 세이타와 어린 여동생 세츠코가 제2차 세계 대전의 공포와 참상 속에서 어떻게 잠시 살다 가는지 보여 준다. 소이타 폭격으로 파괴된 고베와 아이들이 버려진 장소에 거처를 꾸리기까지, 그리고 더는 살아갈 수 없게 된 상황이 그려진다. 세이타가 죽은 후 회상을 통해 시작되는 영화는 붉은 색조로 표현된 남매의 결속된 영혼이 자신들의 기억 속으로 기차 여행을 하는 모습을 보여 준다. 처참한 비극이 깔린 이런 장면 속에는 무언의 환희가 있다. 죽음 후에야 가장 평온한 순간을 누릴 수 있게 된 아이들의 모습에서 드러난 환희와 슬픔의 조화가 더욱 마음을 아프게 한다. 죽음과 파괴만 다룬 영화였다면 이런 비참함이 느껴지지 않았을 거다.

다카하타 이사오의 영화에서 디테일은 필수적이다. 그렇다고 영화의 장면들이 언제나 현실을 그대로 보여 주는 기록 영화 같지는 않다. 하지만 그만의 표현주의적인 시각을 통해 느껴지는 현실을 전달한다. 훗날 「이웃집 야마다 군」과 「가구야 공주 이야기」로 그는 이미지 표현 기법을 가장 필수적인 요소에만 집중하게 되고 그러한 생각은 「반딧불이의 묘」에서도 느껴진다.

도입부 15분은 스티븐 스필버그의 젊은 관객 취향의 전쟁 영화인 「태양의 제국Empire of the Sun」이나 「워 호스War Horse」의 대담한 장면과 비슷한 느낌이 든다. 그러나 죽은 어머니의 얼굴이 썩어 가는 장면이 나오는 순간 언제나 관객의 즐거움에 중점을 두는 할리우드 영화와는 거리가 멀어진다. 피투성이로 화상을 입은 피부에 거칠게 감아진 붕대의 이미지는 괴기스럽다. 이어서 곧 폭격으로 타 버린 병원 부지에 있는 세이타와 사츠케가 등장한다. 파편 속으로 사라진 도시의 모습과 하늘, 땅과 아이들의 얼굴이 모두 죽음의 재가 뿌려진 단색 팔

레트에 흡수된다. 다큐멘터리처럼 세밀한 시선으로 한순간에 세부적인 사항을 이미지에서 없애고 가장 밑바닥의 감정을 그대로 끌어내는 다카하타의 재능이 드러난다.

냉혹한 현실을 환기시키는 데는 영상뿐 아니라 선택적으로 들어간 음향도 강력한 효과를 준다. 해변 장면에서는 모든 감각적인 자극 요소로 연출이 가능한데도 음향은 구름을 뚫고 다가오는 B-29 전투기에 집중된다. 나중에 사츠케가 너무 배고파 구슬을 사탕이라 여기고 빨자 동굴의 가장자리에 부딪치는 바위처럼 그녀의 이빨 사이에서 구슬이 딸깍 소리를 낸다. 어떤 영화는 전쟁 경험을 표현하는 압도적인 장면을 보여 주곤 한다. 스필버그의 「라이언 일병 구하기Saving Private Ryan」가 특히 그렇다. 그러나 「반딧불이의 묘」는 음향과 시각 요소의 사용에 집중한다. 모든 것을 아우르는 타임캡슐을 만드는 대신 영화는 트라우마가 담긴 기억에 집중해 구체적인 내용에 파고든다.

세이타와 사츠케의 시련은 끔찍하지만 감동을 주며, 아이들은 주변 세상의 모습과 경제적, 정서적 요소가 황폐해지자 희망의 빛줄기에 매달린다. 영화 제목 속 반딧불이는 바로 아이들이다. 그들은 아름답고 밝게, 너무 짧게 빛난다. 사츠케가 숲속에서 반딧불이를 보고 감탄한 후 남매는 몇 마리를 그물망에 잡아넣어 피난처를 밝힌다. 그러나 잠에서 깨어났을 때 반딧불이는 죽어 있다. 세이타와 사츠케의 운명과 연결된 은유적인 암시일 뿐 아니라 지브리 작품 중 가장 여운이 남는 장면이다. 반딧불이는 자연의 놀랍고 섬세한 창조물이다. 그러나 밤하늘에 떠다니는 반딧불이의 빛은 도시에 쏟아져 내리는 소이탄의 빛과 섞이기 시작하고 B-29 전투기의 그림자 속에 생명의 아름다움은 추락하고 파괴된다. 사츠케가 사랑한 하늘에 떠도는 빛의 낭만적인 이미지는 전쟁에 빼앗긴다.

영화의 마지막, 고통스런 전쟁의 기억을 되짚는 여정에서 해방된 세이타와 사츠케는 도시의 하늘을 떠도는 반딧불이 무리 속에 앉아 휴식을 취한다. 그들이 떠 있는 곳은 현대의 고베이다. 과거 장면의 붉은 색조는 현대의 선명한 파란색과 대비되고 그 사이를 떠도는 반딧불이는 도시의 비극을 부드럽고 아름답게 상기시킨다.

왼쪽 그림: 「반딧불이의 묘」의 일본판 포스터

마녀 배달부 키키
(KIKI'S DELIVERY SERVICE, 1989)

스튜디오 지브리를 구한 어린 마녀

감독: 미야자키 하야오
각본: 미야자키 하야오
상영 시간: 1시간 43분
일본 개봉일: 1989년 7월 29일

「천공의 성 라퓨타」와 「이웃집 토토로」, 「반딧불이의 묘」 세 편의 영화를 제작한
스튜디오 지브리는 슬럼프에 빠졌다. 세 편의 영화는
스튜디오 설립에 공헌한 「바람계곡의 나우시카」만큼의 흥행을 기록하지 못했다.

「이웃집 토토로」의 제작이 끝나자마자 미야자키는 다음 프로젝트 기획에 들어갔다. 카도노 에이코의 소설 《마녀 배달부 키키》는 어린 마녀가 집을 떠나 새로운 마을에 정착하고 자신의 소명을 찾아 성장해 가는 내용이다. 미야자키는 이 인기 어린이 소설을 각색하고자 했다. 1988년 4월 기록된 감독 일지에서 미야자키는 젊은이들을 자라지 못하게 만드는 현대 사회의 안이함에 대해 이렇게 말한다.

"부모를 떠나 사는 것을 어른이 되는 통과 의례라고 보는 건 더는 적절하지 않다. 오늘날 자립하는 데 필요한 건 편의점에서 쇼핑할 수 있는 능력 정도이다. 진정으로 '독립'적인 소녀가 되기 위해선 자신의 재능을 찾는 훨씬 더 어려운 과제가 있다."

「마녀 배달부 키키」를 준비하며 미야자키는 감독직에서 내려와 제작만 담당하려고 했다. 「명탐정 홈즈」의 각본을 담당한 카타부치 스나오Sunao Katabuchi가 감독으로 데뷔하고 이시키 노부유키Nobuyuki Isshiki가 각본을 맡을 예정이었다. 그러나 각본의 초안이 마음에 들지 않자 미야자키는 직접 수정

하기 시작했고 결국 카타부치를 조감독으로 강등시키며 주도권을 가져갔다.

카타부치는 몇 년 후 「아리테 공주」와 「마이 마이 신코 이야기」, 많은 상을 받은 「이 세상의 한구석에In This Corner of the World」와 같은 영화의 감독과 각본을 맡으며 홀로서기에 성공했다. 카타부치는 자신이 영화에서 밀려났던 일에 대해 「이웃집 토토로」 이후 미야자키가 쉴 수 있도록 시간을 벌어 줬다는 관점으로 이해했다. "하지만 어떤 이유에선지 미야자키가 마음을 바꿔 감당할 수 있다고 했죠. 에너지가 다시 생긴 것 같았습니다."

「마녀 배달부 키키」는 험난하고 스트레스가 많은 제작 환경이었기에 그런 에너지가 필요했다. 원작자인 카도노 에이코

왼쪽 그림: 코리코 마을의 바닷가 위로 날아오르는 키키
하단 그림: 풀이 무성한 언덕에서 휴식을 취하는 키키.
지브리 주인공들의 여유로운 장면이다.

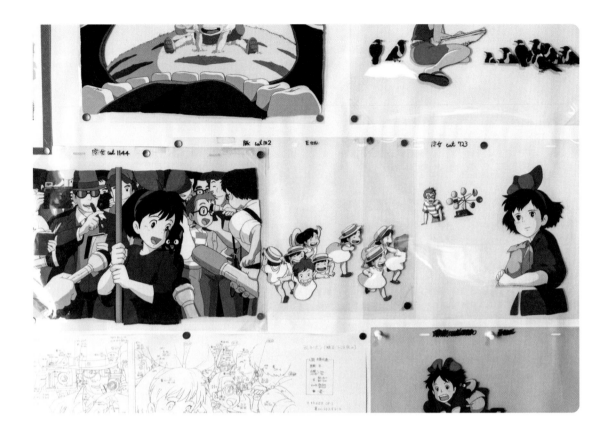

Eiko Kadono와 각색을 논의할 때는 특히 그랬다. 에피소드 중심으로 갈등 요소가 적은 원작과 달리 영화의 각본은 좀 더 감성적인 요소와 비행기 장면이 추가로 들어갔다. 원래 60분짜리 특집 방송으로 기획된 영화는 미야자키의 각본과 스토리보드가 짜이면서 최종 104분의 상영 시간으로 늘어났다. 미야자키가 프로젝트를 맡은 지 1년이 조금 넘은 시점인 1989년 7월에 일본 영화관에 개봉될 예정이었다. 업계에서는 미야자키가 한물갔고, 이 영화가 감독으로서 마지막 작품이 될 거라는 소문도 돌았다. 수십 년간 일하며 고갈된 48세의 미야자키는 그만 일을 접고 은퇴하는 걸 진지하게 고려하고 있었다. 새로운 미야자키 영화가 나올 때마다 그의 마지막 작품이 될 거라고 선전하는 건 일종의 지브리 전통이 되어 버렸다.

순조로운 일 처리를 위해 드디어 스즈키 도시오가 등장했다. 그는 1989년 '도쿠마 쇼텐'에서 스튜디오 지브리로 이직해 「마녀 배달부 키키」에 전적으로 몰두했고 협력 제작자로 지브리 영화의 크레딧에 처음 이름을 올리게 된다. 사실 그는 과소평가됐다. 이 영화에서 스즈키는 마케팅과 광고 능력을 전면에 드러냈다. 영화의 제목과 브랜드 로고에 검은색 고양이가 그려진 '야마토 운수'와의 유사성에 주목해 스폰서십과 광고 제휴를 따냈다.

스즈키는 사실 「마녀 배달부 키키」가 지브리와 미야자키의 경력을 '끝장'낼 거라 예언한 도에이 배급 담당자의 말에 자극을 받아 영화를 반드시 성공시키겠다는 다짐을 했다고 회고했다. 이를 위해 스즈키는 둥지를 떠나 새로운 인생과 일, 외로움에 직면하며 자립해 가는 키키의 이야기에 공감할 만한 일하는 젊은 여성을 영화의 주요 관객으로 목표했다. 오소노의 빵집 카운터에 무료하게 앉아 있는 키키와 그녀 어깨에 짊어진 삶의 무게를 보여 주는 포스터 그림과 '우울했지만 이제 기분이 나아졌어요.'라는 복잡한 감정을 보여 주는 문구로 마음을 확 끌어당겼다.

스즈키의 마법은 통했고 키키는 날아올랐다. 영화는 엄청난 성공을 거두며 1989년 일본 박스오피스에서 개봉한 일본 영화 중 가장 많은 수익을 올렸다. 그 후 10년이 넘는 세월 동안 더 큰 성공작들이 나왔지만 키키를 계기로 지브리는 다시 성공 궤도에 올랐으며 미야자키는 마침내 또 하나의 히트작을 냈다.

상단 그림: 지브리 미술관에서 볼 수 있는 「마녀 배달부 키키」의 스케치와 셀 시트
오른쪽 그림: 「마녀 배달부 키키」의 일본판 포스터. 독립적이고 어린 주인공이 직면해야 하는 도전이라는 영화의 주제를 진한 감수성으로 완벽하게 그려냈다.

宮崎 駿 監督作品

魔女の宅急便

角野栄子「魔女の宅急便」(福音館書店刊)より●徳間書店・ヤマト運輸・日本テレビ放送網提携作品●配給/東映

'89年夏、全国洋画系ロードショー

おちこんだりもしたけれど、私はげんきです。

「마녀 배달부 키키」 감상 후기

출발은 험난했지만 「마녀 배달부 키키」는 지브리의 재정과 창작 환경에 안정을 가져왔다. 어린 마녀와 스튜디오는 어려움을 겪은 후 전보다 더 독립적이고 자신감에 찼다. 「마녀 배달부 키키」는 순식간에 빠져드는 지브리의 매력 요소를 모두 담아 만든 따뜻한 지브리 파이 조각 같은 영화이다.

영화는 완벽한 '지브리 블루' 컬러인 맑고 파란 하늘에서 시작된다. 더할 나위 없이 잘 표현한 완만한 푸른 언덕도 등장한다. 하늘과 땅의 단순한 조합이지만 지브리의 손이 닿으면 「하울의 움직이는 성」이나 「바람이 분다」, 「마루 밑 아리에티」에서처럼 단순한 언덕이 단번에 에덴 동산이 된다. 이 맑은 골짜기에서 휴식을 취하고 있는 어린 마녀 키키는 이제 어른이 되기 위한 모험을 떠나려 한다. 빗자루를 손에 쥐고 고양이와 함께 떠난 키키는 살 곳을 찾는 법과 근면의 중요성을 배우며 경쟁자에 의해서가 아니라 나 자신에게 도전하며 역경을 마주하게 된다. 전형적인 지브리 주인공의 모습이다.

미야자키 하야오가 감독 일지에서 말한 '소녀들이 마주해야 하는 진정한 독립'은 자립 후 자신의 배달 사업을 시작하는 키키의 이야기와 딱 들어맞는다. 「모노노케 히메」의 맹렬한 늑대 전사 산과, 최고의 온천 청소부 치히로, 마음이 넓은 탐험가 아리에티. 「추억의 마니」의 침착하고 용감한 안나도 같은 선상에 있다. 키키의 DNA는 지브리의 다른 캐릭터들과 많은 면에서 통한다.

키키의 세상은 「바람계곡의 나우시카」나 「하울의 움직이는 성」의 웅장한 판타지 배경보다는 작지만 가장 포괄적으로 지브리의 세상을 표현한다. 지브리는 《어스시의 전설》을 각색하며 거대한 세상을 보여 주지만 그걸 채울 만한 이야기는 부족했다. 반대로 키키는 점차 자신의 세계를 채우는 마법을 찾아가는 소박한 이야기이다. 키키의 여행은 바다와 하늘이 보이는 멋진 공중 파노라마가 특징이다. 물론 키키는 그 위를 날아다닐 수 있지만, 영화는 키키가 새로 안착한 마을인 코리코의 빵집이나 시계탑, 북적한 거리 같은 지상의 편안함 역시 매우 자세히 그린다. 키키가 매일 마을에서 일하면서 겪는 모험도 흥미진진하다. 활기찬 코리코 마을의 장소와 삶은 프로듀서인 스즈키 도시오의 영향을 받았다. 지브리의 재정을 계획하면서 스즈키는 지리적인 중요성도 인지했다. "현실이든 가상 세계든 지도를 만드는 건 제작자의 중요한 업무입니다." 코리코의 모습을 잡아 가며 그는 상상을 현실로 만들어 냈다.

판타지와 현실의 조합은 미야자키의 작품 세계의 중요한 요소이다. 초자연적인 힘과 자연이 합쳐져 마법이 일어나기도 한다. 「마녀 배달부 키키」에는 상상을 초월한 등장인물이 나오진 않지만, 미야자키의 영화 중 가장 세련된 방식으로 그런 느낌이 전달되는 장면이 있다. 초자연적 능력이 있는 어린 여주인공 키키가 하늘 높이 날아올라 기러기들의 V자 대열에 합류해 짧게나마 조화를 이루며 비행한다. 어릴 적 비행기 스케치를 하며 자라 「붉은 돼지」나 「바람이 분다」에서 항공기를 다룬 미야자키 감독이 이런 장면을 보여 주는 건 당연하다. 마법 같은 찰나의 순간을 통해 우리는 인간과 환경의 조화를 발견하게 된다.

새든 사람이든, 공생을 통해 키키는 성장한다. 결코 홀로 싸우며 독립하지 않는다. 제빵사인 오소노는 지낼 곳을 마련해 주고 격려하며 키키를 가장 먼저 도와준다. 만삭의 임산부인 그녀는 키키가 배달 서비스를 시작하고 고객을 유치하도록 도우면서도 자신의 제과점을 운영한다. 후반부에 키키의 마법이 약해질 때 마을의 화가인 우슐라도 위로의 말을 건넨다. 「센과 치히로의 행방불명」과 「하울의 움직이는 성」, 「코쿠리코 언덕에서」에도 나온 것처럼 청소가 마음을 정리하는 데 얼마나 좋은지도 배우게 된다. 또한 다음 역경도 극복할 수 있게 키키는 계속 기술을 연마한다. 창조력이 고갈돼 고민 중인 누구에게나 도움이 되는 메시지다.

영화는 키키의 감정적 성장도 보여 준다. 키키는 마법이 변할 수 있는 것처럼 자신의 감정도 변할 수 있다는 걸 깨닫는다. 그녀는 전혀 욕심이 없는 것도 아니고, 멋진 모험에도 불구하고 슬플 때도 있다. 그래도 괜찮다. 「마녀 배달부 키키」는 당신에게 코리코 마을을 정복할 수 있을 것 같은 용기를 줄 수도 있다. 하지만 더 중요한 건 그럴 수 없다고 느껴도 괜찮다는 사실이다. 때로는 집에서 말하는 고양이와 놀고 팬케이크를 만드는 것도 멋지니까.

"지도를 그리는 능력은 인생에 필요한 기본적인 소양입니다."라고 제작자인 스즈키 도시오는 말한다. 키키는 하늘에서 자신의 마을을 탐색한다.

추억은 방울방울
(ONLY YESTERDAY, 1991)

치밀한 조사와 철저한 사실주의

감독: 다카하타 이사오
각본: 다카하타 이사오
상영 시간: 1시간 58분
일본 개봉: 1991년 7월 20일

미야자키는 전부터 오카모토 호타루와 토네 유코의 1982년 작 만화 《추억은 방울방울》을 각색할 생각이었다. 만화는 1960년대를 살아가는 어린 소녀 타에코의 달콤한 향수를 불러일으키는 인생 이야기다. 하지만 그 책을 어떻게 영화로 옮겨야 할지 방법이 떠오르지 않았다.

미야자키의 생각에 이를 해결할 수 있는 감독은 단 한 명, 다카하타뿐이었다. 미야자키보다 연장자인 이 영화 감독은 어른이 된 타에코에 초점을 맞춘 서술 기법 형태로 애니메이션을 제작하자고 제안했다. 타에코가 번잡한 도쿄에서 벗어나 야마가타의 시골로 인생을 바꿀 수도 있는 휴가를 떠나면서 어린 시절의 기억을 떠올리는 구성이었다.

"미야자키가 영화의 제작을 맡았기 때문에 오늘 우리가 여기까지 올 수 있었습니다." 다카하타는 「추억은 방울방울」의 상영을 위한 메이킹 다큐멘터리를 찍으며 이렇게 말했다. "평범한 27살 주인공? 성공할 것 같지 않은 소재죠! 하지만 미야자키가 잘될 거라고 했을 때…… 확신이 섰습니다."

그리고 스즈키 도시오가 스튜디오 지브리의 영화에 본격적인 프로듀서로 역할을 시작한다. 이후 20년 동안 수많은 장편 영화에서 그가 반복할 역할이다. 스즈키는 자신의 회고록인 《스튜디오 지브리의 현장 스토리Mixing Work with Pleasure》에서 다카하타는 완벽한 제작자였지만, 감독으로서는 완벽주의자 성향을 심하게 보여 아주 힘들게 했다고 회상한다.

"파쿠 씨는 나를 정말 미치게 만듭니다." 미야자키는 「추억은 방울방울」의 메이킹 다큐멘터리에서 이렇게 고백했다. "하지만 제가 가장 믿을 수 있는 사람이기도 하죠."

그리고 그 믿음은 시험에 든다. 1990년에 개봉 예정이던 영화는 일정이 늦어졌고 미야자키는 1991년 7월로 개봉을 미루기 위해 기업 후원자들을 설득해야 했다. 서두르며 작업을 망치거나 지브리의 기대 수준을 희생하면서 하급 스튜디오에 외주를 줄 순 없었다.

스즈키는 영화를 만들면서 다카하타가 중요하게 신경 쓰는 두 가지가 있었다고 설명한다. '공들인 조사'와 '철저한 사실주의'. 지브리와 일반적인 애니메이션에서 잘 쓰지 않는 방법이다. 다카하타는 성인 타에코의 목소리를 담당한 배우의 영상을 참고용으로 찍어 영화의 애니메이션 감독인 콘도 요시후미와 그의 팀에게 전달했다. 그리고 캐릭터의 얼굴 근육이나 광대뼈, 주름이 강조된 사실적인 표정을 애니메이션에서 흔히 볼 수 없는 정교한 수준으로 그려 내도록 했다.

마찬가지로 다카하타는 다른 제작사나 애니메이션은 생각도 못 하는 시간을 홍화의 재배와 수확, 가공 과정을 찍는 장면을 조사하는 데 보냈다. 제작 기간 중 다카하타와 스즈키, 직원

왼쪽 그림: 향수를 불러일으키는 보석 「추억은 방울방울」에서 과거와 현재가 충돌한다.
하단 그림: 다카하타의 홍화 따기 과정에 대한 '섬세한 조사'를 통해 구현된 목가적인 장면

들은 야마가타를 방문해 홍화를 재배하는 농부를 따라다니며 참고용 영상을 찍었다. 그 정도로 진정성을 추구했다. 마침내 개봉했을 때 「추억은 방울방울」은 놀랍게도 굉장한 인기를 끌었다. 「마녀 배달부 키키」가 그랬던 것처럼 일본 박스오피스에서 최고 이익을 거둔 국내 영화로 연말 차트에 이름을 올렸다.

그러나 「추억은 방울방울」의 해외 개봉은 10년이 넘게 지연된다. 지브리의 모회사 도쿠마 쇼텐이 미야자키와 다카하타의 영화를 미국과 기타 지역에 배급하기 위해 디즈니 Disney와 기념비적인 거래를 체결했지만, 「추억은 방울방울」은 생리 이야기가 나오는 '부적절한' 장면 때문에 개봉이 무기한 보류됐다.

지브리의 전 임원인 스티브 알퍼트Steve Alpert에 따르면 다행히 디즈니는 계약에 디지털 권리를 포함하지 않았다. 그리고 DVD가 등장하면서 스튜디오 지브리는 해외 배급을 위해 영화를 되찾을 수 있었다. 2006년 유럽과 호주, 기타 지역의 시청자에게 공개되면서 「추억은 방울방울」은 곧 컬트적인 사랑을 받게 된다. 2016년이 돼서야 영화 배급사인 GKIDS는 배우

데이지 리들리Daisy Ridley와 데브 파텔Dev Patel이 더빙을 맡은 새로운 영미판을 완성해 미국에서 영화관과 홈비디오용으로 공개했다.

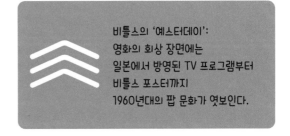

비틀스의 '예스터데이':
영화의 회상 장면에는
일본에서 방영된 TV 프로그램부터
비틀스 포스터까지
1960년대의 팝 문화가 엿보인다.

왼쪽 그림: 「추억은 방울방울」의 일본판 포스터

지브리 영화에서 인생을 바꾸기 위해선 정령과 괴물, 마녀로 가득한 웅장한 온천과 싸우거나 영혼의 기차를 타고 비현실적인 세상으로 나가야 한다. 아니면 시골을 방문해 영적인 기차를 타도 된다. 다카하타 이사오의 「추억은 방울방울」은 지브리 작품 중 부드러운 결을 가진 걸작이다. 현실과 추억 속에서 느껴지는 신성함은 미야자키의 「센과 치히로의 행방불명」만큼 감동적이다. 영화는 도시의 회사원인 27살 타에코가 시골 농장으로 휴가를 떠나 어린 시절의 결정적 순간들을 회상하는 이야기다. 엄청난 섬세함으로 소박한 이야기를 이끌어 간다. 어릴 때 사소해 보였던 사건들이 현재의 그녀를 만든 것처럼 타에코의 추억과 주변 환경을 따라가는 여정은 격렬하게 개인적인 그리고 사회적 성찰을 마주하는 시간이 된다.

다카하타 감독의 전작인 「반딧불이의 묘」에 등장하는 강렬한 문체 기법이 「추억은 방울방울」로 이어진다. 전작에서 다양한 색조가 산 자와 죽은 자의 관점에서 오는 이야기를 표현했다면 이 영화에선 더 극단적인 이중 미학이 추억과 현재 사이의 감동적인 대조와 전달을 돕는다. 영화의 첫 장면에는 수정처럼 날카로운 형태의 사무실 빌딩들이 등장한다. 각진 모양의 현대적이고 극단적인 사실주의로 보이는 도시의 이미지는 프레임을 채우며 커진다. 하지만 영화에서 추억의 영역은 매우 다르게 표현된다. 어린 타에코의 세계는 모든 세세한 일로 가득 채워지진 않았지만 중요하다. 그녀의 둥글고 부드러운 색의 세계는 기억의 빛에 의해 옅어져 프레임의 가장자리에 거의 닿지 않는다. 현재를 표현하는 확고한 포멀리즘은 다카하타가 타에코의 시골 여행에 인간적인 다큐멘터리 요소를 넣을 수 있게 한다. 과거의 느슨한 모습은 찬란한 표현주의의 문을 연다. 각각의 멋진 세계는 문체의 연금술 속에서 겹쳐지며 영화가 감정적이고 창의적인 최고점에 다다를 수 있게 한다.

기차를 타고 시골에 도착한 타에코를 마중하러 유기농업을 꾸려 가는 젊은 농부 도시오가 나온다. 운전하며 농장으로 향하는 길에 도시오는 유기농업과 농작의 어려움, 현대의 시장이 어떻게 형성됐는지에 대한 자세한 이야기를 풀어놓는다. 다카하타는 농부들을 중앙에 배치하고 탐험 일지의 초상화처럼 화면의 중심을 바라보며 웃는 모습을 번갈아 비춘다. 농장을 배경으로 한 다른 많은 특별한 장면 중 홍화를 수확하여 연지를 만드는 과정으로 이야기가 이동한다. 농부들의 협동이 리듬감 있는 다큐멘터리적 시를 만들어 내며 정교한 섬세함은 빛을 발한다. 도시오는 대지와 사람 간의 공동 작업이 존재한다고 생각한다.

다카하타의 렌즈를 통해 비치는 이런 순간은 대지와 사람과의 완벽한 운용 방식을 보여 준다.

타에코는 음식과 풋사랑, 사춘기에 대한 기억을 모으며 자신의 과거로 들어간다. 생리에 관한 재밌는 에피소드는 생리를 겪는 이들에게 거부감 없이 신선한 위안을 주는 청소년 가이드가 된다. 가족의 파인애플과의 흥분된 첫 만남은 곧 혼란스러운 외과 수술이 되고 타에코는 혼자 당혹스럽게 실망스러운 파인애플을 씹으며 기대에 대한 중요한 교훈을 얻는다. 가장 인상적인 회상 장면에서 다카하타는 자신의 표현 세계를 감정과 일치시키기 위해 계속해서 밀어붙인다. 어색하지만 순수한 청춘 로맨스의 순간 타에코는 보이지 않는 계단을 오르고 하늘로 날아간다. 표현주의적 명료함이 돋보이는 장면이다. 배경은 핑크빛 꿈속으로 변하며 타에코와 영화는 날아오른다.

흔히 잊혀지는 「추억은 방울방울」과 사실주의적인 지브리 걸작 「귀를 기울이면」 사이에는 공통점이 있다. 몇 년 후 개봉되는 콘도 요시후미의 영화 「귀를 기울이면」의 주인공 시즈쿠처럼 현재에서 타에코는 자신의 삶을 창조적인 열정으로 메꾸고 싶어 한다. 두 캐릭터 모두 빠른 해결책을 찾지 않는다. 시즈쿠의 소설이든 타에코의 농장 생활이든 그들의 작품과 열정은 일과 헌신을 통해 이뤄진다. 그리고 시즈쿠가 기차에 탄 고양이를 따라 인생을 바꾸는 모험을 하게 되는 것처럼 「추억은 방울방울」의 마지막에 나오는 기차 여행도 이와 비슷하게 타에코의 인생에 새로운 장을 연다. 흔히들 「추억은 방울방울」의 결말은 최고의 지브리 기차 장면이라고 한다. 기억이 단절된 몇 년을 따로 지내다 도시로 돌아가는 기차 안에서 타에코는 그녀의 어린 자아와 화해한다. 학급 친구들과 함께 어린 타에코는 농장으로 돌아가 도시오와 사랑이 피어나는 인생을 살기로 한 나이 든 자신

을 응원한다. 영화의 날카롭고 부드러운 두 세계가 마침내 포개지며 타에코는 그녀의 현재를 만든 생생한 경험을 끌어안는다. 좋은 기억이든 나쁜 기억이든 그녀의 과거는 이제 멀리 있지 않고 그 옆에 앉아 있다. 그녀는 아마 도시오와 함께할 것이다. 평화로운 시골에서 마음을 치료하는 과정을 보여 주며 영화는 자신과의 화해가 결국 가장 중요한 화합이라는 걸 보여 준다.

왼쪽 그림: 도쿄 나카노 브로드웨이에서 「추억은 방울방울」 포스터를 발견하고 매우 행복해하는 제이크

「추억은 방울방울」의 회상 장면은 가장자리가 흰색으로 흐릿해지며 옅은 색을 띤다. 마치 그 장면이 이미 반쯤 잊혀진 기억처럼 미끄러져 가는 듯하다. 다카하타 이사오는 이러한 미니멀하고 표현주의적인 스타일을 훗날 「이웃집 야마다 군」과 「가구야 공주 이야기」에서 다시 사용한다.

붉은 돼지
(PORCO ROSSO, 1992)

돼지도 날 수 있다

감독: 미야자키 하야오
각본: 미야자키 하야오
상영 시간: 1시간 34분
일본 개봉: 1992년 7월 18일

먼저 이 사실을 짚고 넘어가자. 미야자키 하야오는 비행기 광이다.
「천공의 성 라퓨타」의 윙윙거리는 '플랩터'부터 「마녀 배달부 키키」의 결말에 극적 요소를 높여 준
'체펠린 비행선'까지, 비행과 항공기 장면은 그의 작품 전반에 등장하며 환상을 실어 나른다.
훗날 「바람이 분다」에서 항공과 엔지니어링의 역사를 깊게 파고들기 전까지,
미야자키가 항공기와 비행에 관한 집착을 가장 상세히 보여 준 작품은
1992년에 제작된 베테랑 조종사의 모험 이야기 「붉은 돼지」였다.

「붉은 돼지」는 미야자키가 1980년부터 1990년대 초까지 애호가 잡지인 《모델 그래픽스Model Graphix》에 만화와 스케치, 삽화 에세이를 게재하면서 시작됐다. 그는 「바람계곡의 나우시카」의 만화 시리즈를 그리는 동안이나 영화 프로젝트 사이의 휴식 기간에 주로 이 작업을 했다.

"사실 전 《모델 그래픽스》 같은 잡지에 시시한 비행기나 탱크 얘기를 쓸 때가 가장 행복합니다." 미야자키는 1989년 《코믹박스Comic Box》와의 인터뷰에서 이렇게 밝힌다. 그리고 그의 이런 단편적인 작업에서 처음 돼지 주인공이 등장한다.

1980년대 중반, 《모델 그래픽스》의 만화를 각색해 돼지가 악당 탱크 사령관으로 등장하는 애니메이션은 미야자키가 「천공의 성 라퓨타」 작업으로 분주했던 까닭과 더불어, 프로젝트를 이끌던 젊은 영화 제작자와 충돌하면서 보류됐다. 그러나 몇 년 후 돼지는 《비행정 시대The Age of the Flying Boat》라는 제목으로 돌아왔다. 이제 돼지는 비행기 조종사이고 배경은 아

드리아해이며, 시대는 제1차 세계 대전과 제2차 세계 대전 사이로 바뀌었다.

미야자키는 장편 영화와 공상적인 《모델 그래픽스》 기고를 따로 가져갈 수 있어 기뻤다. 그러나 일본 항공의 45분짜리 기내용 영화를 제작해 달라는 흔치 않은 의뢰는 《비행정 시대》를 위한 완벽한 활주로로 보였다. 미야자키는 이 프로젝트를 처음에는 단순한 기분 전환용으로 생각했다고 1991년 4월 그의 감독 메모에 적었다.

"긴 국제 노선에서 지친 사업가들이 산소 부족으로 정신이 멍해져도 즐길 수 있는 영화를 만들고자 한다. 소년, 소녀와 주부 세대까지 즐길 수 있는 작품이지만 무엇보다 이 만화영화가 뇌

왼쪽 그림: 엄지손가락을 치켜든 포르코 롯소. 가장 널리 알려진 지브리 이미지.
하단 그림: 재능의 발휘. 포르코와 피오가 힘을 합친다.

세포가 두부로 변할 정도로 지친 중년 남성을 위한 영화라는 걸 잊지 말자." 제작은 빠른 속도로 진행됐고 미야자키의 제작 방식으로 자리 잡은 스토리보드 완성 전, 즉 영화의 결말을 쓰기도 전에 원화를 그리는 프로세스가 시작됐다. "이런 '주객전도'식 방법은 처음엔 제작 일정이 스케줄보다 너무 늦어져 시작됐지만, 나중에 미야자키 방식으로 자리 잡았습니다. 미야자키는 '모든 게 미리 정해지면 재미없잖아요?'라고 즐겁게 말했죠." 스즈키 도시오는 회상했다.

훗날 다른 지브리 프로젝트에도 나타나는 이 문제는 애니메이터가 스토리보드의 완성된 부분을 열심히 작업하고 있는 와중에도 미야자키가 연필을 내려놓을 때까지 줄거리가 계속 변할 수 있다는 데서 발생했다. 그 결과 「붉은 돼지」의 경우에는 45분짜리 단편이 90분의 장편 영화로 늘어났다. 기내용 상영을 준비하던 영화는 대신 극장에서 개봉하게 되었다.

상단 그림: 지브리 미술관에 전시된 포르코 관련 주요 용품
오른쪽 그림: 피오와 비행사들의 정신없는 포즈

만화를 스토리보드에 옮기는 과정에서 미야자키는 걸프 전쟁과 유고슬라비아 분쟁 뉴스에 관한 그의 근심을 추가로 반영했다. 방대하고 무거울 수 있는 주제가 더해지며 시청자에게 '근심 없고 신나는, 희망찬 세상'을 보여 주려 한 초기 계획과는 매우 동떨어졌다. 「붉은 돼지」의 개봉 후 미야자키는 그의 달라진 세계관을 설명했다.

"21세기를 앞에 두고, 아무것도 해결되지 않았다. 모든 상황이 새로운 시대로 따라오며 우리는 똑같이 어리석은 실수를 반복하여 그저 살아가야 한다. 그게 내가 깨달은 바이다."

이러한 변화는 「모노노케 히메」부터 이어진 그의 각 작품에 드러난다. "아무리 세상이 어수선해져도 우리는 그저 살아갈 수밖에 없다. 지금의 상황이 마음이 들지 않더라도 그저 받아들이고 함께 살아가려 노력하자. 이게 앞으로 나아갈 수 있는 유일한 길이라고 생각한다. 저급한 허무주의나 쾌락주의에 빠

지지 않고 현재를 위해 살아야 한다. 환경을 보존하기 위해 어느 정도의 희생을 감수하고 가끔은 무모한 일도 도전해야 한다." 미야자키는 강조했다.

「붉은 돼지」는 1992년 여름 일본에서 대성공했고 할리우드 대형 작품인 디즈니의 「미녀와 야수Beauty and the Beast」, 「후크Hook」를 제치고 연말 박스오피스 1위에 올랐다. 사실상 미야자키의 다음 영화가 나오기 전까지 가장 높은 수익을 올린 일본 애니메이션이었다.

상단 그림: 꽉 잡아! 포르코가 지브리의 가장 격렬한 모험을 감행한다.
오른쪽 그림: 「붉은 돼지」의 일본판 포스터

우리의 무일푼 영웅이 붉은 수상 비행기에 맞는 강력한 엔진을 구하다 선택한 제품 위에는 '기블리Ghibli'라는 단어가 새겨져 있다. 이는 스튜디오의 뻔뻔한 잘난 척이 아니다. '카프로니 Ca.309 기블리'는 실제 있던 항공기로 「붉은 돼지」의 배경이 된 두 차례의 세계 대전 사이에 활약했다. 미야자키의 마음과 스케치북은 언제나 비행기 디자인으로 가득 차 있었으며 「붉은 돼지」는 그런 수십 년 애정의 결집체로, 가열찬 지브리 엔진을 달고 그의 열정은 날아올랐다.

짙은 파란색과 초록색이 넘실대고 유럽식 배경과 비행에 중점을 둔 이 작품은 고전적인 지브리 작품처럼 보이지만 신선하고 천연덕스러운 유머와 신나는 각본으로 독특한 느낌을 전달한다. 신나게 해외를 누비는 모험은 에르제의 《땡땡Tintin》을 떠올리게 하며 영화 「인디아나 존스」에 필적할 만한 엄청난 액션을 보여 준다. 미야자키의 작품 중 가장 인기 있는 영화는 아닐지라도 지브리 애니메이션과 스토리의 뛰어난 성과를 보여 준다.

화면에 전보가 찍히는 것처럼 시작되는 영화의 크레딧은 「바람계곡의 나우시카」를 여는 멋진 풍화 태피스트리나 「벼랑 위의 포뇨」의 색깔을 쌓아 올린 차분한 바다 전경 오프닝에 견줄 순 없지만, 영화의 세계로 관객을 빠뜨린다.

포르코는 예의를 차리는 영웅이 아니라 스타워즈의 한 솔로 Han Solo 같은 스타일로 비행 기회를 놓칠지라도 옳은 일을 한다. 「붉은 돼지」는 미야자키가 쓴 가장 익살스러운 대본으로, 포르코는 스튜디오의 캐릭터 중 가장 코믹하다. 그의 언변은 비행 솜씨만큼 날카롭다. 그리고 이탈리아 공군 재입대를 거부한 후 지브리 대사 중 가장 많이 인용되는 말을 남긴다. "파시스트가 될 바에야 돼지가 낫다."

영화에서 포르코의 첫 임무는 하늘의 해적단에 납치된 여자 아이들을 구하는 것이다. 영화 잡지를 읽으며 그림 같은 무인도에서 시간을 보내는 대신 마음을 굳게 먹어야 하는 일이다. 이 첫 구조 장면에서 우리는 영화 속에 스며든 미야자키의 비행기를 향한 수년의 노력을 바로 느낄 수 있다. 「붉은 돼지」의 모든 비행기 장면은 아름답게 그려졌을 뿐 아니라 완벽하다. 포르코와 해적들은 오프닝 속 우아하고 스릴 넘치는 한판 대결에서 하늘과 바다에서 춤추듯 비행하며 대담한 작전과 가시 돋친 모스 부호들을 주고받는다.

액션 장면을 제외하면, 여자아이들은 낡은 집에서도 기쁜 비명을 지르는 「이웃집 토토로」의 메이와 사츠키처럼 기운차고 즐거우며 납치범에겐 무자비하다. 그들은 또한 포르코에게서 영화의 비행경로를 유쾌하게 뺏은 최초의 여성 캐릭터다.

상단 그림: 연필로 콧수염을 그린 도널드 커티스Donald Curtis. 커티스 역의 성우는 원작에선 오오츠카 아키오Akio Otsuka가, 영미판에서는 캐리 엘위스Cary Elwes가 맡았다.
왼쪽 그림: 포르코가 공중전을 벌이고 있다.

포르코의 비행기가 영화의 악당 캐릭터인 커티스에 의해 거의 부서지자 그는 밀라노에 있는 정비공인 피콜로에게 비행기를 가져간다. 여기서 포르코는 피콜로의 손녀이자 나우시카와 판박이 외모를 가진 피오, 그리고 다른 여성들로 이뤄진 정비사 팀을 만난다. 그들은 경기 불황 속에 일자리를 찾아 떠난 남성들을 대신하고 있다. 이는 당시 스튜디오에서 일어난 일을 반영하기도 한다. 스즈키 도시오는 「추억을 방울방울」을 작업하던 남성들을 대신할 여성 직원들을 데려왔고 그들은 「붉은 돼지」의 제작에도 영웅적인 정비사가 됐다. 작업장에서 영화는 만족스러운 메시지와 스타일의 리듬을 찾아간다.

식사 준비든 온천 청소든 미야자키는 작품에 나오는 완벽한 작업에 큰 희열을 느꼈다. 포르코의 비행기 재건 역시 마찬가지다. 처음 스케치부터 나무 프레임 구조, 조심스럽게 마지막으로 엔진을 내리기까지, 비행기에 강한 애정을 가진 감독은 정교하고 우아한 과정을 펼쳐 낸다. 포르코는 그저 빨리 마치기 위해 돈을 지불하지 않는다. 완벽한 작업을 위해 돈을 낸다. 작업장에서 일하는 사람들은 지브리 직원들의 거울이며 그들의

일도 그렇다. 지브리의 애니메이션처럼 피콜로 팀은 가장 빠르진 않더라도 최고이다.

지브리의 애니메이터는 격렬한 액션이든 조용한 고독을 그려내는 장면이든 영화 전체에 경이로움을 전달한다. 그러나 다른 장면보다, 아니 지브리 전 작품의 어떤 순간보다 압도적인 부분이 있다. 포르코가 떼를 지어 공중전을 벌인 기억을 떠올리는 장면이다. 포르코의 비행단이 패한 후, 그는 하늘 위로 올라가 구름의 크림 같은 윗부분을 훑고 지나간다. 쓰러진 전우들이 그의 옆에 나타나 상쾌한 파란 하늘을 둘러싸고 있는 반짝이는 하얀 구름 위로 평온히 올라간다. 은하수처럼 보이지만 조용히 더 높이 올라가자 사실은 비행기들이 만들어 낸 천상의 리본이라는 게 드러난다. 지구에서 파괴된 비행기는 구름 위를 타고 장엄한 장례 행진에 합류한다. 미야자키에게 비행기는 조종사만큼이나 영혼이 충만한 존재이다. 이 장면이, 그리고 이 영화가 지브리의 가장 장엄한 모습이다.

바다가 들린다
(OCEAN WAVES, 1993)

스튜디오 지브리의 2세대

감독: 모치즈키 토모미
각본: 니와 케이코
상영 시간: 1시간 12분
일본 개봉: 1993년 5월 5일 (TV)

1993년에는 스튜디오 지브리의 생산성이 극에 달했다. 「마녀 배달부 키키」와
「추억은 방울방울」에 이어 「붉은 돼지」는 각각 개봉한 해에 전국 박스오피스에서
가장 높은 수익을 올린 일본 영화였다. 하지만 미야자키 하야오와 다카하타 이사오는
이미 50대였다. 둘 중 한 명, 아니면 두 명 모두 은퇴하면 스튜디오의 운명은 어떻게 될 것인가?

상단 그림: 스튜디오 지브리 영화들에서 결정적인 장소가 되는 기차역
왼쪽 그림: 영화 속 삼각관계의 양 축인 타쿠와 유타카

히무로 사에코Saeko Himuro의 소설을 각색한 「바다가 들린다」는 계속되던 문제에 해결책을 제시했다. 바로 지브리의 젊은 직원을 위한 프로젝트였는데, 미야자키와 다카하타 밑에서 일하며 귀중한 경험을 쌓은 지브리의 20~30대 직원들에게 자신만의 창의적인 나래를 펼치는 기회를 주는 것이었다.

결정적으로, 「바다가 들린다」는 지브리의 창립 제작자 누구도 손대지 않는 최초의 프로젝트가 될 예정이었다. 그들을 대신할 감독 역할은 34세의 모치즈키 토모미Tomomi Mochizuki에게 떨어졌다. 그는 당시 비교적 어린 나이에도 다카하시 루미코Rumiko Takahashi의 인기 변신 판타지 시리즈인 《란마 1/2 Ranma ½》을 각색한 애니메이션을 비롯하여 1980년대 걸쳐 애니메이션 TV 시리즈를 감독해 온 출중한 경력을 갖고 있었다.

모치즈키는 지브리에 새로 들어왔지만, 스튜디오의 충실하고 급부상하는 스타 직원들의 지원을 받았다. 영화에는 수상 경력이 있는 두 명의 애니메이터, 콘도 요시후미Yoshifumi Kondō와 콘도 카츠야Katsuya Kondō가 합류했다. 콘도 카츠야는 잡지 《아니메쥬》에 연재되던 시리즈의 삽화를 바탕으로 캐릭터 디자인을 만들었다. 상대적으로, 입사한 지 얼마 안 된 안도 마사시Masashi Ando는 원화를 담당했다. 안도 마사시는 「모노노케 히메」나 「센과 치히로의 행방불명」 같은 지브리 영화와 「파프리카」, 「너의 이름은」 같은 다른 작품들의 캐릭터 디자이너와 애니메이션 감독으로 일하며 좋은 경력을 쌓아 갔다. 지브리의

크레딧에 처음 이름을 올린 시나리오 작가 니와 케이코Keiko Niwa도 주목할 만하다. 그녀는 10년이 지난 후 지브리와 다시 「어스시의 전설」과 「마루 밑 아리에티」, 「코쿠리코 언덕에서」와 「추억의 마니」, 「아야와 마녀」 같은 여러 편의 영화를 작업했다.

「바다가 들린다」는 원래 빠르고 저렴하게, 좋은 질을 유지하며 제작할 계획이었다. 그러나 지브리에서 흔히 발생하는 기한과 예산 초과로 감독 모치즈키는 스트레스 궤양을 얻었다. 결국 그는 이후 스튜디오 지브리와는 더 이상 같이 일하지 않았다.

최종적으로 「바다가 들린다」는 1993년 5월 닛폰 TV를 통해 방송됐다. 'TV용 영화'라는 장르는 지브리의 화려한 영화 목록에서 인정받기 쉽지 않았다. 글을 쓰는 이 시점에도 「바다가 들린다」는 지브리 작품 중 영어 더빙이 없는 유일한 장편이며, 1990년대 디즈니와 맺은 배급 계약에 포함은 됐지만 2016년 GKIDS의 제한적 상영 후에야 미국에서 공개됐다. 이어 2017년 블루레이로 출시됐는데 영국에서는 2010년 배급사 '옵티멈 릴리징'을 통해 DVD로 먼저 공개됐다.

지브리의 영화 목록 중 '숨겨진 보석'이 있다면 「바다가 들린다」이다. 또한 넷플릭스와 HBO 맥스에 지브리 작품을 제공하는 엄청난 계약을 통해 가장 많은 빛을 볼 장편 영화가 될 것으로 보인다. 전 세계의 새로운 팬들이 이 진기품을 발견하곤 영화에 새로운 생명과 의미를 부여한다면 말이다.

「바다가 들린다」 감상 후기

TV용 영화라는 이유로 「바다가 들린다」는 가장 덜 알려진 지브리 영화가 되었다. 「바다가 들린다」는 아주 뛰어난 작품은 아니라도 그에 가까운 수준이며, 좀 더 인정받아야 한다.

지브리의 다른 로맨스 영화인 「추억은 방울방울」과 「귀를 기울이면」 사이에 개봉된 이 영화는 두 작품 모두에서 영향을 받은 것처럼 보인다. 다양한 시간 배경과 얼룩덜룩하고 부드럽게 채워지는 장면들은 다카하타 영화의 여운처럼 느껴진다. 청소년기의 낭만적인 몸짓이나 고조된 감정은 콘도 요시후미의 감성에 가깝다. 영화는 간결한 76분 분량으로, 짧은 러닝 타임 탓에 등장인물에 깊이 공감하기 어렵다. 추억에 잠기게 만드는 이야기가 끝나고 엔딩 크레딧이 올라갈 때, 우리는 확실히 '무슨 내용이었지?' 하고 생각하게 된다.

오프닝 장면은 친숙한 지브리의 영역으로 우릴 데려간다. 기차역과 비행기, 짙은 파란 하늘이 등장한다. 그리고 스튜디오 지브리 영화 중 가장 대담한 편집 사례가 나온다. 젊은 도시인이 된 타쿠 모리사키가 고등학교 시절을 떠올릴 때 커다란 흰색 가장자리가 화면의 양옆을 채우고 고치 성이 섬네일 이미지로 가운데에 부분적으로 띄워진다. 잠시 후 조금 커진 이미지가 등장하고 타쿠가 식당에서 일하던 때를 회상하며 이야기는 시작된다. 그리고 다시 고치 성이 등장해 화면을 가득 채우며 전체 그림이 복원된다. 고치 성은 추억을 반영하며 영화 전반에 걸쳐 등장한다. 부엌 소리와 아스팔트 도로 위를 구르는 자전거, 뺨을 맞은 일 같은 감각의 기억들이 꿈의 파편처럼 한곳을 향해 합쳐진다.

타쿠의 추억 여행은 자신과 친구 유타카, 그리고 전학생 리카코와의 삼각관계에 맞춰지며 영화는 이 삼각관계 안에서 헤맨다. 리카코는 거짓말로 돈을 가져간다. 두 소년의 감정이 미혹된 사춘기의 로맨스라 쳐도 그들에게 공감하기는 쉽지 않다. 특히 체육 수업 중 10대 소년들이 여자아이에게 음흉한 시선을 보내고 허락받지 않고 몰래 찍은 사진을 사는 장면에선 더욱더 그렇다. 이는 건전한 관계가 아니며, 진정한 로맨스가 등장한다 해도 무마되기 어렵다.

가장 분명한 사랑의 유대는 두 소년 사이에 있다. 타쿠는 사람들이 '유타카의 진정한 가치를 보지 못한다.'며 그가 얼마나 '좋은 사람'인지 말하고 리카코와 대화하는 동안 그에 관해 묻기도 한다. 유타카가 산책할 의향이 있는지 물은 후 화면은 타오르는 불씨와 같은 색깔로 전환된다. 그리고 바다에 도착하면 파스텔 빛 일몰과 반짝이는 물이 유타카와 타쿠를 비춘다. 두 소년이 부두에 서서 그 어느 때보다 감정을 드러내는 대화를 나누는데, 이는 두말할 나위 없이 영화에서 가장 낭만적인 순간이다. 그다음 마지막 장면에서 지브리 작품 중 가장 관습을 벗어난 영화가 되려는 시점에, 타쿠는 자신이 리카코를 좋아한다고 고백한다. 무슨 상황이지?

오른쪽 그림: 「바다가 들린다」의 영미판 포스터

쉬는 시간: 「바다가 들린다」는 다카하타 이사오와 미야자키 하야오가 감독을 맡지 않은 첫 지브리 영화였다. 이 TV용 영화는 모치즈키 토모미가 이끌었다. 이후 지브리의 장편 영화는 2020년 미야자키 고로의 「아야와 마녀」가 TV로 공개되기 전까지 영화관 상영을 고수했다.

FROM THE LEGENDARY STUDIO GHIBLI

OCEAN

WAVES

A TOMOMI MOCHIZUKI FILM

PRODUCER TOSHIO SUZUKI · SEIJI OKUDA SAEKO HIMURO SCREENPLAY KAORI NAKAMURA MUSIC SHIGERU NAGATA CHARACTER DESIGN YOKO SAKAMOTO
TOKUMA SHOTEN · NIPPON TELEVISION NETWORK and STUDIO GHIBLI PRESENT THE FUTURE PRODUCERS OF STUDIO GHIBLI PRODUCED BY "OCEAN WAVES"
©1993 SAEKO HIMURO · STUDIO GHIBLI · N   PRODUCER NOZOMI TAKAHASHI DIRECTED BY TOMOMI MOCHIZUKI

COMING SOON

폼포코 너구리 대작전
(POM POKO, 1994)

환경 우화

감독: 다카하타 이사오
각본: 다카하타 이사오
상영 시간: 1시간 59분
일본 개봉: 1994년 7월 16일

「붉은 돼지」의 성공 후 하늘을 나는 영화는 한계에 달했다.
스튜디오 지브리의 다음 영화는 다카하타 이사오가 감독을 맡게 되었다.
「추억은 방울방울」에서 함께했던 대부분의 젊은 직원들이 합류했는데,
일본 고유의 너구리인 '타누키'에 관한 아이디어를 처음 낸 사람은 미야자키 하야오로 알려져 있다.

다카하타는 직접 각본을 썼다. 그는 과도한 도시화가 도쿄 근교의 너구리 숲에 파괴를 가져온 복잡하면서도 마음에 와 닿는 이야기를 만들었다. 너구리는 일본의 설화에서 신화적이고 교묘한 마법을 부리는 존재로 자주 묘사됐다. 너구리들은 서식지를 지키기 위해 예로부터 내려온 변신 기술을 함께 배우고 사람들을 겁주기 위해 정교한 환영을 만든다고 알려져 있다.

미야자키는 이 영화의 총괄 프로듀서를 맡았고, 오랜 두 협력자는 하필이면 제목을 놓고 충돌했다. 직역하면 '헤이세이 시대 너구리 전쟁 폼포코'인 제목은 해외에서 개봉할 때 간단히 '폼포코'라고 줄여졌는데 이것이 미야자키를 괴롭혔다. 스즈키 도시오는 그 장난스러운 제목이 미야자키의 진지한 본성에 맞지 않는다고 말했다. 원래 제목은 서사가 있는 전쟁 영화임을 암시했지만 '폼포코'는 너구리가 배를 두드릴 때 나는 의성어 같은 소리였다.

왼쪽 그림: 전쟁을 준비하라. 영화의 원제목을 직역하면 「헤이세이 시대 너구리 전쟁 폼포코」이다.
상단 그림: ⋯⋯그렇지만, 영화는 갈등과 재미 사이에서 균형을 이루며 독특한 톤을 유지한다.

이제 확실히 지브리의 프로듀서이자 자아 조련사로 자리 잡은 스즈키는 다카하타를 지지하며 직원들에게 다음과 같이 메시지를 보냈다. "직관에 어긋나는 건 영화의 제목이지 이야기가 아닙니다. 영화에서 가벼워 보이는 건 제목뿐입니다." 스즈키의 지지에도 특이한 제목과 주제로 영화는 홍보에 어려움을 겪었다. "우리는 지브리가 뻔하고 지루하다는 말을 들을까 걱정했죠." 스즈키는 말했다.

「폼포코 너구리 대작전」은 1994년 일본 박스오피스에서 가장 높은 수익을 올린 일본 영화가 되며 지브리의 흥행 성공 행진을 보여 줬다. 현대화가 과거의 기억에 미친 영향을 보여 주는 아련하면서 씁쓸한 영화가 플래닛 할리우드Planet Hollywood와 맞붙을 수 있다는 것은 1990년대 일본에서 커지는 지브리의 힘을 보여 주었다.

국제적으로 「폼포코 너구리 대작전」은 항상 지브리 작품에서 특별한 위치를 차지한다. 미국에서는 아카데미 영화제의 최우수 외국어 영화상의 일본 출품작으로 제출될 정도로 명성을 얻었으며, 1995년 권위 있는 안시 국제 애니메이션 페스티벌에서 대상을 수상한다. 하지만 영화는 10년이 지나도록 서구의 많은 국가에서 공개되지 못했다.

문화적인 특수성이 가장 큰 요인이었다. 「워터십 다운의 열한 마리 토끼」부터 유럽 전역에서 상영된 「파딩 숲의 동물들」까지 동물들의 서식지가 위험에 처하는 비슷한 장르의 서구 영화들이 이미 존재했다. 반면 다카하타의 영화는 일본의 신화와 대중문화를 많이 참고했는데 특히 애니메이션과 만화, 민속학 전반에 걸쳐 있는 일본 너구리의 묘사가 그랬다.

미국과 다른 국가의 관객은 이런 신비한 생명체와 아무 연고가 없기에, 언제나 그래 왔듯 번역으로 문화적 차이를 없애려고 했다. 너구리의 탄력 있는 고환을 '너구리 주머니'로 형편없이 대체한 영어 더빙은 가족 관객을 생각하면 납득할 만한 타협안이지만 결국 영화는 번역 불가능하고 이해하기 힘든 작품이라는 당혹스러운 평판을 얻었다. 사려 깊다는 느낌보다 복잡하고 이상하다는 평이었다.

> 영화에서 일본 너구리는 동물에서 인간, 요괴 고울, 지브리 캐릭터로까지 변신한다. 아래 그림에선 행운을 가져다준다고 여겨지는 고양이 인형인 마네키네코로 변신했다. 너구리들에겐 행운이 절실히 필요했다.

왼쪽 그림: 「폼포코 너구리 대작전」의 일본판 포스터

「폼포코 너구리 대작전」 감상 후기

스튜디오 지브리의 영화는 잊을 수 없다. 처음 토토로가 보여 준 크고 빛나는 미소와 고베에 떨어진 폭력, 끝없이 뷔페를 먹어 치우던 얼굴 없는 가오나시의 모습은 기억 속에 영원히 남는다. 「폼포코 너구리 대작전」에도 그런 장면이 여럿 있다. 영화는 일본 너구리가 날아다니며 그들의 고환을 낙하산과 탄환으로 사용해 인간을 공격하는 내용이다. 그 장면은 사실 평범한 축에 속한다. 다카하타 이사오의 영화는 놀라움을 주며 스튜디오 지브리가 절대 예측 불가하다는 걸 보여 준다. 그런 사명을 갖고 그는 한 번 보면 절대 잊히지 않는 영화를 만들었다.

영화에는 고환과 관련된 대사가 많이 등장한다. 그러나, 이 너구리들이 마법의 생식기를 전쟁 무기나 축하 장치 등 많은 것으로 변신시킬 수 있다는 걸 알고 나면 그리 대단한 요소도 아니다. 변신은 줄거리와 제작에서 필수 요소이다. 스타일적으로 「폼포코 너구리 대작전」은 지브리의 과거 작품이 보여 주는 따뜻하고 기발한 환상과는 거리가 있다. 타마 언덕을 배경으로, 그곳에서 일어난 도시 개발의 역사를 수필같이 거슬러 올라가며 소개했다. 영화는 추상적인 사회의 기록을 아름답게 표현했다. 불도저 크레인은 녹색 아이스크림이 담긴 그릇처럼 보이는 언덕을 퍼내 떠올리고 건설 차량은 개미처럼 나뭇잎 주변을 와삭와삭 씹는다. 너구리는 겉모습을 변신하며 파괴돼 가는 서식지 주변에서 살아남기 위해 애쓴다. 사람들 옆에선 사람 형체로 나타나 더욱 의인화되며 때때로 표현이 필요한 순간에는 만화 같은 형태로 변신하기도 한다. 너구리의 변신 외에도 8비트 비디오 게임이 등장하는데, 특히 실제 게임 장면을 촬영해 놀라움을 준다.

다카하타의 창조적인 의욕이 솟구치는 걸 보는 건 즐겁다. 놀랍게도 「폼포코 너구리 대작전」은 야생과 문제적인 영역도 담아내는 데 성공한다. 다카하타의 전작인 지브리의 「반딧불이의 묘」나 「추억은 방울방울」에 비하면 「폼포코 너구리 대작전」은 에피소드 중심으로 도시화에 맞서 숲을 지키는 데 너구리가 실패하는 과정을 단계별로 보여 준다. 도토리와 과일, 꽃을 아름답고 자세히 찍어 붕괴된 숲의 식물을 보여 주고, 역사 기록을 회상하는 것처럼 또렷한 음성으로 너구리의 비참한 처지를 알려 주는 해설을 더해 거의 다큐멘터리 방식으로 주제에 접근한다.

그중 너구리가 얼굴 없는 사람으로 변신해 건축 현장 인부들과 시청자를 놀라게 하는 부분이 인상적이다. 지브리스러운 오싹함이 느껴지는 장면이다. 「센과 치히로의 행방불명」이 더 주목을 받았지만 「폼포코 너구리 대작전」은 최초로 '얼굴 없는' 존재가 등장하는 작품이다. 또 다른 인상적인 장면에서 너구리는 주민들을 겁주기 위해 유령 퍼레이드를 진행한다. 하지만 사람들은 너구리들의 기대와 달리 평온하다. 너구리는 수백 년 된

일본 만화나 목판화에서 영감을 받은 것처럼 현실을 초월한 움직임으로 밤거리를 떠돈다. 지브리 팬들이 좋아하는 「붉은 돼지」나 「마녀 배달부 키키」에서도 볼 수 있는 움직임이다.

할 수 있는 건 다 했어도 너구리는 그들의 숲을 비워 줘야만 한다. 어떤 너구리는 인간으로 살아가는 법을 배우고 일부는 원래대로 먹다 남은 음식을 먹으며 살아간다. 타마 언덕의 녹지대는 이제 대부분 골프 클럽이다. 「반딧불이의 묘」의 마지막 장면에서도 그랬듯, 다카하타는 다시 현대의 스카이라인으로 카메라를 올리며 도시의 밝은 빛들을 위해 무엇이 파괴되어야 하는지를 우리에게 묻는다. 아주 슬픈 이야기다. 그러나, 「폼포코 너구리 대작전」은 인물보다 원인이 더 우선시되고 끊임없는 변신술 탓인지 너구리에게 공감대를 갖기가 어렵다. 사람 이외의 생명을 대하는 사회의 냉담함을 완벽하게 반영한 다카하타.

그들이 처한 상황에 슬퍼하고 서식지의 파괴에 분노하는 데 동의하지만 우리는 그냥 넘어갈 것이다. 단지 역사의 한 부분일 뿐이니. 균형 있는 성격 묘사가 부족하고 에피소드가 반복되어 지루하기도 하지만 실험적인 요소에서 즐거움을 찾을 수 있다. 영화는 동물학 연구로 이뤄 낸 재미와 놀라움을 준다. 또한 기교의 대가가 보여 주는 풍부한 표현과 시적 느낌, 일관된 신선함이 담긴 애니메이션이다.

왼쪽 그림: 다카하타 이사오의 너구리들이 도시화를 비난하기 위해 행진한다.
하단 그림: 「폼포코 너구리 대작전」의 한 장면은 지브리의 기존 스타일을 완전히 벗어난다. 너구리들이 TV로 '실사' 영상으로 나오는 요리쇼를 보는 장면이다.

귀를 기울이면
(WHISPER OF THE HEART, 1995)

현실감을 떨어뜨리는 신중함

감독: 콘도 요시후미
각본: 미야자키 하야오
상영 시간: 1시간 58분
일본 개봉: 1995년 7월 15일

스튜디오 지브리에 관한 이야기에서 자주 등장하는 주제는 바로 '후계자'이다.
미야자키 하야오와 다카하타 이사오는 일본 애니메이션에 긴 그림자를 드리웠고 팬들과 평론가는
떠오르는 애니메이션 감독이 있으면 '제2의 미야자키'라고 부르길 좋아했다.
그러나 스튜디오 지브리 내에서 젊은 세대에게 고삐를 넘기는 문제는 후에도 다루겠지만
우리가 지금까지 털어놓은 것처럼 쉽지 않았다. 그럼에도 미야자키와 다카하타의 계보를
계속 이어 갈 한 사람이 있다면 그건 콘도 요시후미였다.

상단 그림: 실제로 존재하는 성지
왼쪽 그림: 컨트리 로드. 「귀를 기울이면」을 보고 나면 존 덴버의 클래식 컨트리 노래가 몇 주 동안 머릿속에서 맴돌 것이다.

1950년에 태어난 콘도는 미야자키와 다카하타보다 각각 9살, 15살 어렸지만 1970년대 초반부터 그들과 쭉 일해 왔다. 「루팡 3세」부터 「명탐정 홈즈」, 「빨간 머리 앤」과 「미래 소년 코난」 시리즈의 원화 애니메이터이자 캐릭터 디자이너, 애니메이션 디렉터로 일했다. 지브리에 합류했을 때 콘도는 순식간에 스튜디오의 스타 애니메이터가 됐으며 두 감독의 프로젝트에 번갈아 가며 참여했다. 「반딧불이의 묘」와 「마녀 배달부 키키」, 「추억은 방울방울」과 「붉은 돼지」, 「폼포코 너구리 대작전」이 그가 참여한 작품들이다.

미야자키는 후에 그와 콘도가 한 번도 통한 적이 없으며 지브리에서 콘도의 최고 작업은 다카하타의 영화에서 찾아볼 수 있다고 말한다. 그런 감정이 「귀를 기울이면」의 착안에 영감을 주

었을 수도 있다. 미야자키가 기획하고 스토리보드와 각본까지 만든 이 장편 영화 프로젝트는 콘도가 감독으로 처음 도전하기에 완벽한 발판으로 보였다.

「귀를 기울이면」은 히이라기 아오이Aoi Hiiragi의 동명 만화 시리즈를 각색한 영화다. 따뜻하고 낭만적인 이야기로, 대놓고 젊은 여성들을 타깃으로 하는 소녀 만화의 전형이다. 미야자키는 지브리 영화가 어떻게 이런 관객과 연결되고 1990년대 일본

의 젊은이에게 호소할 수 있는지 명확히 꿰뚫고 있었다. 1993년 10월 '왜 지금 소녀 만화인가?'라는 제목으로 쓴 감독 발표문에 이렇게 언급했다. "이 영화는 자신의 청춘에 후회가 가득한 많은 중년 남성이 오늘의 젊은이에게 던지는 도전적인 메시지가 될 것이다. 자신이 이야기의 주인공이 되겠다는 생각을 너무 쉽게 포기하는 관객에게 이 영화는 영혼의 목마름을 자극하고 열망과 동경의 중요성을 전달한다."

미야자키의 기획서는 이 신인 감독에 야심 찬 지침을 남기며 끝맺는다. "너무 건전하면 현실성이 없기도 하다. 「귀를 기울이면」은 이 모두를 실현하는 영화가 되지 않을까?"

영화는 기존의 지브리 영화와는 달리 서로 다른 스타일이 섞여 있다. 지역적 특색을 살린 단조로운 도쿄 교외의 모습은 다카하타 영화의 섬세함으로 축약되어, 어린 주인공 시즈쿠의 상상 속 세계를 뛰어난 회기인 이노우에 니오히시Naohisa Inoue가 멋진 그림으로 펼쳐 냈다. 당연히 이런 장면을 위해 값비싼 디지털 합성을 사용하며 제작 비용은 늘어 갔다.

그 결과 지브리는 상대적으로 덜 유명한 콘도 요시후미를 감독으로 내세우는 데 자신감을 잃었다. 그리하여 미야자키의 참여를 전방에 내세우고 마법 같은 일상의 줄거리보다는 판타지적인 요소에 더 초점을 맞춰 마케팅 자료를 배포했다. 영화 홍보 기자 회견장에서 찍은 사진에서 미야자키는 과거의 성공을 보여 주는 토토로와 붉은 돼지의 마스코트와 어깨를 나란히 하고 서 있다. 「귀를 기울이면」의 상영 날에는 미야자키가 감독한 뮤직비디오인 '온 유어 마크On Your Mark'가 함께 선보일 예정이었다. 의미는 분명했다. '이건 미야자키의 프로젝트니 착각하지 말라.'

그런 방법이 효과가 있었는지 확실하진 않지만 「귀를 기울이면」은 1995년 크게 히트하며 가장 높은 수익을 올린 일본 영화

가 됐다. 해외 개봉은 그 후 10년이 넘어도 이뤄지지 않았지만 그건 어쩔 수 없었다. 이 영화는 2002년 「고양이의 보은」이라는 속편이 나온 점도 특별하지만 독특한 형태로 영화에 대한 여전한 애정을 발견할 수 있다.

「귀를 기울이면」 전반에 등장하는 노래 '컨트리 로드Take Me Home, Country Roads'는 영화에 나오는 조용한 도쿄 교외인 세이세키사쿠라가오카역에 도착하면 들을 수 있다. 그리고 지브리는 온라인 문화에 가장 특이하게 공헌한다. 책상에 앉은 시즈쿠가 헤드폰을 끼고 깊은 생각에 잠긴 장면은 유명 유튜브 음악 채널인 'lo-fi beats to relax or study to'의 감각적인 프로필 사진에 완벽한 이미지를 제공했다.

그러나 이 낭만에는 비극이 깃들어 있다. 「귀를 기울이면」

최고의 선택. 바론은 「귀를 기울이면」에서 강한 인상을 남기고 지브리 캐릭터 중 유일하게 속편 영화인 모리타 히로유키의 2002년 작 「고양이의 보은」에 등장하는 영예를 안게 된다. 이미 잘 알려진 지브리의 고양이 사랑으로 볼 때, 고양이 캐릭터 상표화를 한 건 당연하다.

이후 콘도 요시후미는 미야자키의 다음 장편 영화인 「모노노케 히메」의 애니메이션 작업에 착수했고, 그 영화를 완성한 후 1998년 1월 대동맥류라고 알려진 질병으로 갑자기 사망했다.

콘도 요시후미의 죽음은 일본 애니메이션 업계의 장시간 노동과 강도 높은 수공 작업, 뛰어난 동료로 인한 압박감 등의 잔인한 현실을 수면 위로 끌어올렸다. 스즈키는 훗날 「귀를 기울이면」의 제작 중 눈물에 찬 콘도가 "다카하타 씨 때문에 죽을 거 같아요. 생각만 해도 몸서리쳐져요."라고 말한 미팅을 떠올리며 다카하타와 그의 까다로운 기준에 책임을 전가하기도 했다.

그의 장례식에서 두 멘토는 추도사를 전했다. 다카하타는 콘도를 드문 인재라고 칭하며 "당신의 작품은 계속 살아 있고 사랑받으며 영향을 줄 것이라 믿는다."고 말했다. 미야자키는 서로 다른 기질로 인한 둘 사이의 갈등을 언급하며 「귀를 기울이

상단 그림: 미야자키 하야오에게 재능은 계속해서 연마해야 하는 가공하지 않은 보석과 같다.
86-87쪽 그림: 소녀와 고양이, 기차와 모험. 전형적인 지브리의 소재다.
왼쪽 그림: 「붉은 돼지」의 도널드 커티스 역 성우를 맡았던 캐리 엘위스가 「귀를 기울이면」 영미판의 바론 역을 담당한다. 그는 「고양이의 보은」에서도 바론의 목소리를 맡았다.

면」을 통해 그런 감정이 잘 해소됐다고 전했다.

"그가 「귀를 기울이면」의 감독을 맡으며 오래전 한 약속을 마침내 지킬 수 있었어요. 시간이 흐르면서 틀이 바뀌긴 했지만, 이 작품은 젊은 시절 우리가 꼭 만들겠다고 다짐했던 그런 영화였죠. 고집이 세서 가끔 힘들게 할 때도 있었지만 그는 눈이 녹기를 끈기 있게 기다릴 수 있는 그런 사람이었어요. 하지만 이번엔 나보다 먼저 갔네요."라고 미야자키는 말했다.

지브리의 마법 세계를 생각하면 산들바람에 휘날리는 완벽한 에메랄드빛 골짜기와 하늘을 떠다니는 독창적인 비행체, 다채로운 캐릭터가 떠오른다. 「귀를 기울이면」의 꽉 막힌 교외는 천공의 도시나 마법의 숲보단 떠올리기 쉽지 않은 배경이지만 조용한 콘크리트 도로를 구불구불 따라가다 보면 지브리의 가장 마법 같은 세계에 도착하게 된다. 바로 현실 세계다.

타마시(市)의 세이세키사쿠라가오카에 사이가 서먹한 고등학생인 시즈쿠와 세이지가 등장한다. 사춘기에만 찾아오는 강렬하고 숨 막히는 설렘 가운데, 두 사람은 도서관 대출 카드에서 서로의 이름을 발견하고는 자신도 모르는 사이에 깊이 좋아하게 된다. 영화는 먼 곳에서 서로를 생각하는 「시애틀의 잠 못 이루는 밤Sleepless in Seattle」이나 「모퉁이 가게The Shop Around the Corner」와 쌍벽을 이룬다. 또한 많은 멋진 로맨스들이 그렇듯 두 사람을 둘러싼 설정 자체가 하나의 캐릭터가 된다.

영화는 교외의 밤 장면으로 시작된다. 기차 광선은 도시를 미끄러지듯 지나가며, 얼룩덜룩 생생한 빛은 깊고 푸른 도시의 스카이라인 속에서 빛나는 바다 옆 고속도로를 연상케 한다. 거리는 에너지로 가득 차 있고 인물이나 차량도 정적이지 않다. 콘도 요시후미 감독은 엄청난 양의 배경을 생동감 있게 움직이며 도시와 이야기에 생기를 불어넣는다. 이러한 단순해 보이는 선택이 「귀를 기울이면」에 독특한 매력을 안겨 준다. 바람에 말리는 옷, 밥솥에서 밥을 푸는 사람의 모습까지 자세히 묘사된 배경은 시즈쿠와 세이지의 세상으로 관객을 데려간다. 평범하고 일상적인 현실 모습을 보며 우리는 주인공에게 정감을 느끼게 된다.

미야자키와 다카하타는 주로 피어나는 꽃이나 노래하는 새와 같은 자연을 세세하게 표현하며 영화를 아름답게 하는 데 주력한다. 콘도는 소소한 인간관계에 더 집중한다. 도서관에서 함께 나누는 고요한 시간과 맞닿은 손, 소리 내며 먹는 국수와 존 덴버의 노래를 부르는 기쁨을 담아낸다. 콘도는 이런 신비로운 몸짓을 표현하는 데 흠뻑 빠져 있었다. 「귀를 기울이면」에서 인물들이 만들어 내는 리듬은 그 고유의 마법을 보여 주었다.

열렬한 로맨스와 일본의 황홀한 입체적 장면에 만족하지 않고 영화는 세이지와 시즈쿠가 가진 창의적 열망인 바이올린 제작과 소설 창작을 통해 공예와 이야기 자체의 본질을 다룬다. 재미는 덜해도 더 독특하게 이야기를 전개한다면 세이지는 바이올린 제작업계의 '선택받은 자'가 돼 단숨에 스트라디바리우스의 맞수가 되고 시즈쿠는 잠시 힘든 시기를 겪은 후 바로 베스트셀러 책을 쓰게 될 것이다. 그러나 영화는 그렇게 전개되지 않는다. 시즈쿠는 기차에서 나와 지브리 영화의 단골손님인 고양이를 따라가며 U자 모양의 언덕을 오르고 골동품 상점에서 가게 주인이자 세이지의 할아버지인 시로를 만난다. 시로는 이 어린 커플의 피어나는 창의성을 암석에 갇혀 다듬어지지 않은 거친 보석에 비유한다. 시간과 노력을 기울일 때 보석의 진정한 아름다움도 드러날 수 있다. 바로 그것이 첫 작업을 인내와 기대 속에서 완벽하게 해낸 감독이 전하는 교훈이다.

시즈쿠의 상상은 이노우에 나오히사가 디자인한 멋진 세계로 구현된다. 시즈쿠가 만들어 낸 이야기 속을 누비며 영화 속에서 짧지만, 감각적인 여행이 펼쳐진다. 초현실주의와 인상주의에서 영감을 받은 이노우에의 세계는 모네풍의 분위기로 떠 있는 섬과 빛나는 오팔 색의 구름이 특징이다. 그 사이를 올라가는 이들은 시즈쿠와 골동품 가게의 고상한 고양이 동상 바론이다. 이 과장된 짧은 상상은 과거 지브리 영화에 나온 모험과 비슷하게 느껴지기도 한다. 스튜디오의 작업 그 자체와 그 안에서 이야기를 만들기 위해 보석을 연마하는 과정을 떠올리며 우리는 자동으로 찬사를 보내게 된다.

영화의 마지막, 시즈쿠와 세이지가 사춘기 멜로드라마의 부드러운 로맨스를 제쳐 두고 갑자기 약혼하는 급한 전개에서는 다소 비약이 엿보인다. 그러나 도시의 스카이라인이 내려다보이는 배경 덕분에 조금은 보완된다. 「반딧불이의 묘」와 「폼포코 너구리 대작전」의 감성 짙은 엔딩을 떠오르게 하는 장면이다. 암울한 도시의 미궁같이 반복되는 단색 건물들에 태양이 쏟아지기 시작하면서 따분한 도시에도 마법이 깃든다.

상단 그림: 도쿄 서부의 세이세키사쿠라가오카역으로 여행을 가면 「귀를 기울이면」 속 인물들의 발자취를 따라갈 수 있다. 83쪽의 장면처럼 마이클과 제이크가 영화 속 성지에 앉아 있다.
왼쪽 그림: 지브리 렌즈를 통해서라면 따분한 교외의 모습도 마법처럼 보인다.
하단 그림: 시즈쿠가 창조한 생생한 판타지 속의 바론과 시즈쿠

모노노케 히메
(PRINCESS MONONOKE, 1997)

노 컷!

감독: 미야자키 하야오
각본: 미야자키 하야오
상영 시간: 2시간 14분
일본 개봉: 1997년 7월 12일

스튜디오 지브리가 생긴 지 10년 만에 모든 것이 변했다.
「모노노케 히메」는 미야자키 하야오가 마음속에 20년 가까이 품고 있던 작품이었다.
그리고 그 결과물로 지브리와 미야자키는 국내외에서 전환점을 맞게 된다.

미야자키는 1980년 동화 《미녀와 야수》를 모티브로 한 풍부한 수채화 컨셉 스케치를 만들어 제작 파트너가 될 만한 곳에 제안했다. 그러나 어떤 스튜디오도 모노노케라는 야수와 함께 숲에 사는 공주의 이야기에 관심을 보이지 않자 1990년대 초반, 「붉은 돼지」의 후편으로 얘기를 꺼냈다.

하지만 50대에 들어서며 미야자키의 세계관과 스토리텔링 감수성은 상당히 바뀌었고, 1993년에 그와 프로듀서 스즈키 도시오는 기존의 「모노노케 히메」 스케치를 스토리북으로 출판하는 방법을 취했는데, 미야자키가 이 장편 영화를 새롭게 시작할 수 있도록 깨끗하게 판을 짜 주었다.

1994년 오랫동안 연재해 온 만화 시리즈 《바람계곡의 나우시카》를 완성한 후 미야자키는 창의적으로 새로운 출발점에 있었다. 1980년대 초 장편 영화의 소재로 시작해 이어진 《바람계곡의 나우시카》 만화 시리즈는 주제의 범위와 복잡성이 커져 갔고 이는 그의 기발한 현실 도피적인 가족용 영화와는 극명한 대조를 이루는 경우가 많았다.

"내 일은 결코 끝이 없습니다." 미야자키는 《바람계곡의 나우시카》의 연재를 마무리하는 인터뷰에서 이렇게 말했다. "정말로 어려운 상황이에요. 진정한 해방감을 느끼지 못하고 있거든요. 어깨에서 무거운 짐을 내려놨다고 말하고 싶지만 두 번째로 어려웠던 작업이 《바람계곡의 나우시카》를 밀어내고 가장 어려운 작업으로 등극했습니다."

그 작품은 「모노노케 히메」로, 냉전 후 갈등과 에이즈 공포로 혼란스러운 세상에 대응해, 나우시카 만화 속의 증폭된 복잡성과 야망뿐 아니라 「붉은 돼지」의 어두운 분위기도 담겨 있었다. 1995년 4월에 작성한 기획 메모에서 미야자키는 분명히 그런 것들을 고심했다. "「모노노케 히메」가 온 세상의 문제를 해결하려고 하는 것은 아니다. 광분한 숲의 신과 인류 전쟁의 끝이 좋을 순 없다. 해피엔딩은 없다. 그러나 증오와 살육 속에서도 인

왼쪽 그림: 화살을 겨냥하다. 아시타카는 신과 인간의 갈등 사이에 놓인 자신을 발견한다.
하단 그림: 늑대들과 달린다. 늑대들의 공주인 산은 그녀의 터전인 숲을 파괴하는 폭력에 맞선다.

생의 가치를 느끼게 하는 것들이 있다. 그 속에서도 멋진 만남이 일어나고 아름다운 것이 존재하기 때문이다."

더는 단순한 동화가 아닌 「모노노케 히메」는 인간이 자연 세계로 산업을 확장해 고대의 신을 몰아내며 펼쳐지는 내용으로, 14~16세기 사이 일본 무로마치 시대의 신화적인 무대를 배경으로 한 장활한 서사 영화가 됐다.

이 야심 찬 기획을 잘 진행하고 「모노노케 히메」에 더 많은 시간과 에너지를 쏟을 수 있도록 미야자키는 스즈키 도시오에게 매년 장편 영화를 제작해 온 지브리의 패턴을 깨자고 말했다. 미야자키는 많은 이들이 힘들고 고되다고 얘기하는 제작 환경에서 직원들을 이끌었으며 영화의 14만 셀 중 거의 8만 셀을 직접 그리고 수정했다. 길어진 제작 과정과 미야자키가 특정 장면에 값비싼 CG를 사용하기로 한 탓에 영화의 예산은 불어났다. 스즈키의 계산에 따르면 예산은 미야자키의 전작인 「붉은 돼지」보다 4배, 「폼포코 너구리 대작전」보다 2.5배에 해당하는 금액으로 지브리 작품 중 가장 많았다. 성공하기 위해선 「폼포코 너구리 대작전」의 320만 관객을 넘어서 400만 장의 표를 판매해야만 했다.

「모노노케 히메」는 1997년 7월 스티븐 스필버그의 「쥬라기 공원: 잃어버린 세계Jurassic Park: The Lost World」와 함께 개봉됐다. 영화는 진정한 블록버스터로 그해 여름 1,200만 장 이상의 표를 판매했다. 일본에서 개봉한 영화 역사상 「E.T.」가 오랫동안 지킨 기록을 갈아 치우며 가장 높은 수익을 올린 영화에 등극했다. 그러나 그해 말 제임스 캐머런의 「타이타닉Titanic」이 「모노노케 히메」를 1위에서 밀어냈다. 하지만 지브리의 모든 영화를 능가하는 이익을 거둔 「모노노케 히메」로 스튜디오의 문화적 파급력은 새로운 단계로 올라갔다.

그리고 세상은 지켜보고 있었다. 「모노노케 히메」를 제작하는 동안 스튜디오 지브리의 모회사인 도쿠마 쇼텐은 영화 산업의 거물인 디즈니와 스튜디오의 과거와 현재, 미래 작품의 글로벌 배급을 위한 협상을 진행 중이었다.

상단 그림: 거대하고 머리가 없는 숲의 신이 인간이 자초한 자연 재해 더미 위에 높이 솟아 있다.
오른쪽 그림: 「모노노케 히메」의 일본판 포스터

지브리의 해외 사업 운영을 위해 고용된 미국인 임원 스티브 알퍼트는 《끝나지 않는 사람과 함께한 삶Sharing a House with the Never-Ending Man: 15 Years at Studio Ghibli》이라는 풍부하고 매우 흥미로운 내용이 담긴 회고록에서 지브리의 이 시기에 대해 썼다. 1996년 알퍼트를 회사에 데려온 건 스즈키 도시오였다. 그는 지브리 영화가 해외 관객의 관심을 받을 만하다고 생각했다. 하지만 그 과정은 순조롭지 않았다. 우선 디즈니의 그 누구도 「모노노케 히메」의 완성본이 어떨지 예상하지 못했다. 폭력적이고 도덕적으로 미묘하고 일본 설화에 흠뻑 물든 이 작품은 「이웃집 토토로」나 「마녀 배달부 키키」 같은 가족용 영화와는 거리가 멀었다.

그 결과 영화는 날카롭고 예술적인 성향을 지닌 디즈니의 자회사, '미라맥스Miramax'를 통해 미국에서 공개되며, 당시에 악명이 높았고 지금은 불명예로 추락한 거물 하비 와인스타인

Harvey Weinstein이 현지화와 배급을 이끌었다. 전해지는 얘기에 따르면 그는 135분짜리 영화를 90분으로 줄이고 싶어 했다. 영화 원본에 어떤 수정을 제안해도 지브리가 거부권을 행사할 수 있는 것이 디즈니와의 거래 조건이었다. 미라맥스의 임원들에게 진짜처럼 보이는 사무라이 검의 모사품을 선물하며 스즈키는 이런 사실에 확실히 대담해져 있었다. "스즈키는 하비에게 검을 주며 영어로 크게 외쳤습니다. '모노노케 히메, 노 컷!'" 알퍼트는 말한다.

그런데도 알퍼트는 「모노노케 히메」의 해외 상영 준비와 도쿠마와 디즈니의 배급 계약 진행 전반이 문화 충돌의 연속이었다고 설명한다. 디즈니의 마케팅팀은 「이웃집 토토로」에서 아

상단 그림: 1990년대 디즈니가 「모노노케 히메」를 인수하면서 산은 공주 같지는 않지만 부정할 수는 없는 디즈니 공주가 됐다.

「모노노케 히메」는 엄청난 성공을 거뒀고, 영화 제작자와 유명 인사로서 미야자키 하야오 감독의 명성은 새로운 차원으로 도약했다.

「모노노케 히메」와 같이 장대한
스케일과 복잡한 주제를 가진
미야자키 영화에, 기이하면서도
상품화되기 좋은 생명체가 없다면
말이 되겠는가?
코다마가 바로 그런 녀석이다.

빠와 딸이 같이 목욕하는 것과 같은 일본 관객에게는 무해한
지브리 영화의 장면에 경악했다. 지브리 작품 중 「마녀 배달부
키키」는 위험 부담이 가장 낮은 것으로 여겨져 VHS 출시를 준
비했다. 하지만 원본과 똑같이 옮겨져야 하는 과정에 디즈니가
대화와 음악, 음향 효과를 추가로 더한 것이 밝혀지자 알퍼트
가 개입해야 했다.

「모노노케 히메」의 영미판이 제작되는 동안에도 비슷한 수정
이 지브리 모르게 자주 제안되고 더해졌다. 작가 닐 게이먼Neil
Gaiman이 쓴 각본 초안은 미야자키의 복잡한 스토리텔링을
존중했지만 알퍼트에 따르면 '각본을 둘러싼 싸움'이 벌어지고

상단 그림: 「모노노케 히메」의 해외 출시를 위해 영미판에 스타가 참여했다. 당시 「엑스파일The X-Files」의 스타였던 질리언 앤더슨Gillian Anderson은 늑대신 모로의 목소리를 연기했다.

있었다. 미라맥스는 미야자키가 의도적으로 모호하거나 불투명하게 놔둔 캐릭터의 동기나 노선을 명확히 하고 설명에 도움이 되는 줄거리 요지를 추가하는 변경을 요청했다. 무거운 발소리와 불이 타는 소리, 구름이 지나가는 소리까지 모든 것을 포함하는 9페이지 분량의 추가적인 음향 효과 목록도 제시했다. 「모노노케 히메」의 더빙도 우여곡절이 많았다고 하지만 결국 알퍼트는 잘린 부분 없이, 대체로 변경하지 않은 형태로 영화를 출시하는 데 성공했다.

미국에서 「모노노케 히메」의 최종 극장 개봉은 일본에서의 성공에 비교할 수 없었지만, 스즈키의 목표는 달성됐고 스튜디

오 지브리의 영화는 이젠 국제 무대에서 상영되고 있다. 최고의 히트작 뒤에 숨은 천재가 그걸 원하는지에 상관없이 말이다. 「모노노케 히메」는 베를린과 토론토 영화제에서 상영되며 지브리와 미야자키를 다른 세계적인 영화감독들과 동등한 위치에 놓는 새로운 해외 공개 전략이 펼쳐졌다. 스티브 알퍼트는 뉴욕 영화제에서 영화가 상영된 이후 마틴 스코세이지Martin Scorsese가 미야자키를 만나 영화 제작을 논의하기를 열망했고, 그를 영화제 축하 파티에 초대했다고 회상한다. 그러나 실망스럽게도 미야자키는 초대를 정중히 거절했다.

많은 평론가들에게 「모노노케 히메」는 미야자키의 경력의 정점을 찍은 작품이다. 하지만 그의 오래된 동료이자 멘토인 다카하타 이사오는 다르게 봤다. "미야자키는 다시 태어났습니다." 「모노노케 히메」 이후 미야자키는 자국에선 기록을 경신하는 감독이자 거침없는 문화 평론가가 됐으며 해외에서는 세계 영화계의 떠오르는 아이콘이 됐다.

「모노노케 히메」 감상 후기

지브리는 「모노노케 히메」로 인해 재정과 문화, 국제적인 규모에서 전보다 더 강력한 명성을 갖게 되었고 그들의 창조적인 포부와 상상력도 어느 때보다 커졌다. 뚜렷한 영웅과 악당도 없는, 이분법적인 도덕이 존재하지 않는 상황을 이끌어야 하는 대단한 영화다. 영화는 폭력의 추악한 본질을 게임으로 단순화하거나 신성을 마법으로 변화시키는 것이 아닌, 인류와 환경의 엉켜 있는 뿌리를 돌이킬 수 없는 매듭으로 얽어맨다. 어떤 면에서, 수 세기 전의 신과 괴물에 대한 이 웅장한 판타지는 현대 세계를 가장 정확하게 반영한 지브리 영화이다.

미야자키의 즐겁고 명랑한 어린이 모험 영화를 기대했던 관객은 「모노노케 히메」의 도입부에서 심한 충격을 받는다. 영화는 숲속을 돌진하며 잔인하고 거대한 멧돼지 신을 추적하는 장면으로 시작한다. 홀린 듯한 빨간 눈을 가진 멧돼지는 피부에서 검고 기름진 거머리를 뿜어낸다. 영화의 그래픽으로 그려진 대결에서 젊은 전사 아시타카는 멧돼지와 맞붙어 승리하지만, 그의 팔에 폭력의 원한이 주입되며 감염된다. 얼마 지나지 않아 아시타카의 새로운 초강력 팔은 다가오는 병사에게 맹렬히 화살을 쏘아대고 이에 그들은 피투성이로 절단되고 목이 베인다. 그의 활은 그만큼 강력하다. 우리가 있는 곳은 토토로의 녹나무가 아니다. 아시타카는 의식에 따라 마을을 떠나고 삶과 죽음의

신인 숲의 신비한 정령을 찾기 시작한다. 그 신이 자신을 치유해 주길 기대하지만, 아시타카의 앞에는 복잡하고 과격한 적대적인 소용돌이가 놓여 있고 그는 그 싸움의 중심에 서게 된다.

바이킹 스타일의 요새인 철의 마을에서 아시타카는 자신만을 하지만, 근시안적인 여전사 에보시를 만난다. 그녀는 캐릭터 스펙트럼에 있어 악당에 가깝지만, 미야자키는 흥미롭게 캐릭터를 만들며 에보시를 쉽게 정의할 수 없게 한다. 그녀가 전쟁광이라는 사실, 아시타카의 감염을 직접적으로 초래한 총알의 주인이라는 점은 분명하지만 한편으론 열의를 다해 마을을 보호하는 그녀에게 공감이 간다. 트라우마를 유발한 전쟁의 결과는 이해와 공감을 얻는다. 나병 환자는 마을에서 보살핌을 받고 나중엔 붕대를 감은 열띤 전사가 된다. 철의 마을은 자유로운 유토피아의 느낌이지만 그 기반은 독점 목표를 가진 광산 마을로 주변 자연 세계를 해치는 권력과 군국주의를 강렬히 추구한다. 자연 세계에는 늑대신의 공주인 '산'이 있다. 그녀는 철의 마을이 자연에 가하는 피해를 보고 격렬히 맞선다. 영웅 캐릭터에 가까운 모노노케 공주 산은 늑대에게 길러졌다. 숲을 보호하는

상단 그림: 「모노노케 히메」는 폭력적이고 피비린내 나는 장면으로 인해 디즈니를 통해 공개되기 힘들어 보였다. 예술적 성향이 강한 성인 대상 브랜드인 미라맥스로 배급사를 옮긴 것은 당연한 일이었다.
오른쪽 그림: 아시타카가 그의 사랑스럽고 충성심 강한 붉은 엘크 야쿠르를 타고 화살을 조준한다.

산의 야생적이고 동물적인 보호는 확실히 감탄할 만하지만, 그녀의 분노로 무고한 생명도 죽임을 당하며 영웅적 지위는 흐려진다. 왕족의 싸움을 더욱 복잡하게 만드는 건 그들의 추락한 신의 복수를 위해 싸우는 멧돼지 군단과 산의 늑대 가족, 원숭이 부족과 지역 영주가 보낸 사무라이, 그리고 유혈 사태의 중심에 있는 숲의 정령, 사슴신이다. 처음에는 혼란스럽지만 얽히고 설킨 라이벌과 동맹관계는 자신들보다 훨씬 위대한 존재에 맞선 인간 갈등의 무의미한 가치를 보여 준다. 영화에서 가장 인상적인 부분은 전쟁과 그 헛된 의미보다 자연의 장대하고 엄청난 힘에서 드러난다.

숲의 정령은 사슴 모양을 하고 있으며 붉은색 가슴과 신비스러운 인간의 얼굴을 가지고 있다. 그러나 해가 지면 거대하고 아름다운 무지갯빛으로 빛나는 야행 동물이 된다. 사슴신의 두 가지 모습에서 우리는 인간과 자연, 초자연적인 특징을 모두 가진 창조물의 빛나는 아름다움을 목격한다. 비극적이게도 인간의 증오가 있는 한 계속해서 이 세상을 공유할 수 없다. 사슴신은 최후의 싸움에서 중심이 된다. 숲의 전사들이 보호하려 애쓰지만 에보시는 사슴신의 목을 자르는 데 성공한다. 목에 총을 맞고 상처 부위에 검은 구멍이 생긴 사슴신은 머리 없는 고질라처럼 나무 꼭대기까지 몸이 커져 기괴하고 기름진 독을 내뿜으며 숲과 마을을 모두 파괴한다. 아시타카와 산은 사슴신의 머리를 몸과 합체시키는 데 성공하지만 이미 손상됐다. 인류에게 주는 마지막 선물로 황무지는 활짝 핀 녹지로 바뀌지만 사슴신과 모든 자연신은 죽는다. 희망적인 결말로 보일 수도 있지만 새로운 꽃이 자리 잡은 그을린 대지의 모습은 지구를 돌보는 책임이 이제 인류에게만 있다고 경고를 던진다.

「모노노케 히메」는 지브리에 새로운 창조성과 재정적인 성공을 가져다주었다. 영화 속 숲과 마찬가지로 지브리의 뿌리는 역사 속에 깊게 얽혀 있다. 마을 여인들의 단호함과 입담은 「붉은 돼지」의 솔직한, 납치된 여자아이들의 성인 버전처럼 느껴진다. 산이 다친 아시타카를 먹이기 위해 어머니와 같이 음식을 씹어서 줄 때는 미야자키 작품에서 음식이 상징한 보살핌과 감정적인 공감이 새로운 수준의 친밀감을 보여 준다. 인물들의 사소한 세부사항을 넘어서 「모노노케 히메」는 「바람계곡의 나우시카」와 「천공의 성 라퓨타」보다 깊은 무게감을 담았으며, 「이웃집 토토로」의 환경과의 조화 그리고 정령 신앙의 메시지를 더욱 강도 있게 다룬다. 이전의 미야자키 작품보다 더 크고 대담할 수 있지만 그렇다고 이방인처럼 느껴지는 영화가 아닌, 완벽하게 진화된 영화이다.

이웃집 야마다 군
(MY NEIGHBOURS THE YAMADAS, 1999)

케세라, 세라

감독: 다카하타 이사오
각본: 다카하타 이사오
상영 시간: 1시간 44분
일본 개봉: 1999년 7월 17일

미야자키 하야오가 다카하타 이사오를 '거대한 나무늘보의 후예'라고 표현하긴 했어도,
6년 동안 「반딧불이의 묘」와 「추억은 방울방울」, 「폼포코 너구리 대작전」까지 세 작품을 감독한
그를 나무늘보로 보긴 어려울 거다. 그러나 「폼포코 너구리 대작전」이후의 행보를 보면
왜 그런 평판을 얻었는지 이해도 된다. 다카하타의 차기작 「이웃집 야마다 군」이 상영되기까지는
5년이란 세월이 걸리는데, 이 작품은 그가 1994년부터 2018년 사망하기 전까지
지브리에서 만든 단 두 편의 작품 중 하나다.

「모노노케 히메」의 기록적인 대성공은 스튜디오 지브리에 대한 기대치를 뒤바꿔 놓았다. 그전에도 흥행작은 있었지만 이제 업계에서는 또 다른 대히트 작을 기대하고 있었다. 물론 훗날 미야자키 하야오는 「센과 치히로의 행방불명」을 탄생시킨다. 하지만 다카하타에게는 모노노케만큼의 전례 없는 성공을 이어야 하는 달갑지 않은 임무가 생겼다. 신문에 오래 연재된 4컷 만화인 《노노짱》을 각색한 작품 「이웃집 야마다 군」은 짧은 에피소드 위주의 풍자와 그림을 가족생활의 시적인 태피스트리로 구성해 스토리 구조뿐 아니라 애니메이션 그 자체에 과감한 실험을 했다.

캐나다의 애니메이터 프레더릭 백Frédéric Back에게 영감을 받은 다카하타는 수채화 스타일의 배경과 캐릭터의 움직임이 전면에 보이게 여백을 살리는 미니멀 방식을 지향하며 미야자키의 「모노노케 히메」 같은 영화에서 보이는 배경화면의 자세한 묘사를 피했다. 그는 "인물의 움직임으로 화면을 채울 것"이라고 말했다. 다카하타는 대개의 애니메이션이 거치는 광을 내는 폴리싱 작업을 생략하고, 보통 완성 단계에서 지우는 애니메이터의 거친 연필 스케치를 살렸다. 이는 그의 마지막 작품들에 뚜렷이 보이는 스타일로, 그림에 에너지와 활력을 전달하기 위함이었다. 아이러니하게도 이렇게 매우 자연스러운 느낌을 주기 위해서는 복잡하고 엄격한 하이브리드 생산 과정을 거쳐야만 했다. 손으로 그린 선 그림을 컴퓨터 스캔 작업을 거쳐 디지털 방식으로 색을 입히고 움직이게 만드는 노동 집약적이고 고된, 고비용이 드는 제작 과정을 거쳤다. 「이웃집 야마다 군」은 지브리의 첫 컴퓨터 애니메이션 영화로 통한다.

왼쪽 그림: 지브리의 이전 작품들과 퍽 다르긴 해도 「이웃집 야마다 군」은 그 나름의 매력이 있다.
하단 그림: 휴대폰이 보이지 않는다. 이 순간을 살아가는 사람들뿐.

그러나 이 영화는 지브리의 첫 흥행 실패작이기도 하다. 「이웃집 야마다 군」은 거의 20억 엔의 제작 비용이 들었지만 1999년 7월 개봉 후 벌어들인 수익은 15억 엔에 불과했다. 프로듀서인 스즈키 도시오는 배급사를 '토호'에서 부실한 '쇼치쿠'로 바꿨기 때문이라고 탓했다. 이는 지브리의 모회사인 도쿠마 쇼텐의 수장 도쿠마 야스요시Yasuyoshi Tokuma가 회사 차원에서 밀어붙인 결과로 「이웃집 야마다 군」은 전국에 훨씬 작은 규모의 영화관을 배정받게 된다.

그러나 사전 홍보 자료는 지브리 역시 그들이 「모노노케 히메」만큼의 성공을 거두지 못할 거란 걸 알고 있었음을 보여 준다. 미야자키 하야오와 그의 가장 최근 히트작과의 연결성을 강조하며, 홍보 다큐멘터리에서는 「이웃집 야마다 군」을 「모노노케 히메」의 완벽한 보완제로 내세운다. 미야자키의 대작 모

험 영화가 진지하고 교훈적이라면 이 영화는 다카하타가 감독 일지에 적은 것처럼 '치료가 아닌 위로'를 주는 편안한 강장제 같은 존재로 표현된다. 영화의 홍보 문구도 이런 대조를 강조한다. 모노노케의 '생존'이 어떤 고귀함을 보여 준다면 야마다 군 영화 속 등장인물들이 부르는 도리스 데이의 음악에서 따온 '케세라, 세라Que Sera, Sera'는 훨씬 편안하고 건전하다.

이후 지브리에서 미야자키는 상업성과 대중문화의 대가로, 다카하타는 자금을 지원받고 나무늘보 같은 속도로 일하는 특권을 받은 실험적인 예술가로 자리매김한다.

상단 그림: 영화는 평범한 일상의 소중함을 깊이 있게 다뤘다.
왼쪽 그림: 「이웃집 야마다 군」의 일본판 포스터

 「이웃집 야마다 군」 포스터의 휘파람새처럼 작곡가이자 팝가수인 야노 아키코AKIKO YANO의 목소리와 음악은 지브리 세계 전역에 울려 퍼진다. 야노는 「벼랑 위의 포뇨」에서 포뇨의 탈출을 돕는 여동생들의 목소리를 연기하기도 했다. 또한 미야자키 하야오가 지브리 미술관을 위해 만든 단편 영화 「집 찾기HOUSE-HUNTING」와 「물거미 몽몽MONMON THE WATER SPIDER」에 자신의 목소리로 음향 효과를 제공했다.

「이웃집 야마다 군」은 지브리 영화 중 가장 충격적이면서도 실망스러운 영화이다. 전체적으론 애니메이션 기교를 뽐내는 독특한 창의성이 보이지만 뛰어난 기술에도 불구하고 그런 순간이 영화의 리듬과 이야기의 결함을 메꾸지는 못한다. 그렇긴 해도 영화는 분명한 다카하타 이사오의 작품이고 소중히 여겨져야 마땅하다.

컴퓨터로 제작됐지만 작은 연필이 등장하는 첫 장면은 우리가 보는 영화가 애니메이션이란 점을 상기시켜 준다. 이 연필은 해와 달을 그린 후 달에서 새로운 선을 그려 야마다 가족의 할머니인 시게의 모습을 보여준다. 윤곽선이 움직이면서 색이 칠해지고 시게의 팔에서 선이 뻗어 나오며 목줄에 묶인 개가 된다. 그리고 갑자기 거리와 식물, 이웃이 그녀 앞에 유기적으로 나타난다. 영화 초반에는 캐릭터만큼이나 그런 기교에 시선이 가게 된다. 영화를 다 본 뒤엔 캐릭터와 기술의 균형을 맞추는데 좀 더 공을 들였어야 한다는 생각이 든다.

신나면서도 지치는 방식으로 애니메이션 창작의 나래를 펼치는 다카하타. 애니메이터 출신이 아닌 그는 나이가 들면서 화면의 표현 범위에 대한 제약은 없고 개념적인 부분만 영향을 받는다고 생각했다. 창조적인 표현에 치중하느라 「이웃집 야마다 군」의 인물들은 서사적 완성도가 떨어진다.

결혼식 주례사로 시작하는 도입부는 큰 재미를 준다. 주례사는 가족의 본질을 매우 격렬하고 풍부하게, 어떻게든 인생을 함께 뛰어야 하는 경주로 표현한다. 야마다 부부는 봅슬레이 썰매를 타고 그들의 웨딩 케이크 층을 통과한 다음 호쿠사이의 유명 작품인 '가나가와 해변의 높은 파도 아래'에 필적할 거친 바다 위의 선원으로 변신한다. 땅에 도착해서 그들은 농부가 된다. 그리고 복숭아에서 아기가 나타나고 잘린 대나무 가지에서 다른 아기가 나온다. 다카하타는 나중에 「가구야 공주 이야기」에서 이 이미지를 다시 사용하게 된다. 구름을 타고 거대한 달팽이에게 쫓기고 잠수함과 해적선을 운전해 야마다 가족은 집으로 돌아온다. 움직임은 숨 가쁘고 빠른 흐름에 넋이 나간다. 가족들은 나이 들며 일어나는 이런 모든 소동에도 불구하고 집 안에서 큰 사건이 터지지 않는 한 그런 변화를 거의 느끼지 못한다. 다카하타는 가정의 그런 소박함을 대모험과 고전 예술과 같은 선상에 놓고 가정생활의 아름다움을 성경처럼 표현했다.

영화는 이 장황한 서곡을 만회하지 못한다. 형식과 내용이 잘 어우러지지만 스타일이나 주제가 풍부하지 않으며 들어내야 할 장면과 아이디어가 많다. 내레이션이나 타이틀 카드 같은 단순한 장치부터, 바쇼와 타네다 산토카의 시, 한 장면에서 다음

상단 그림: 대나무를 자르는 야마다 씨. 이 장면은 일본의 인기 고전 《다케토리 이야기》에서 착안했다. 다카하타 이사오는 그 이야기를 그의 마지막 영화인 「가구야 공주 이야기」에 반영한다.
오른쪽 그림: 치즈! 다카하타 이사오의 명랑한 가족 초상화는 일상의 마법을 포착한다.

장면으로 뛰어넘는 돼지까지 다양한 야마다 이야기들의 연결고리는 넘쳐난다. 그런 연결 자체가 즐거움을 주지만 언제 장치를 사용할 것인지 형식을 정해 놓진 않는다. 사실 각 장의 이야기가 언제 끝나는 건지 확실하지도 않고 분량도 각기 달라서 전체적인 리듬이 삐걱거린다.

특히 좀 더 짜증스러운 몇 장들은 관객을 시험하는 수준이다. 그러나 새로운 시도로 영감을 주는 순간도 있다. 야마다의 폭주족 대결 계획이 나오는 장면은 영화의 스타일을 완전히 바꾼다. 부드러운 흑연의 수채화 음영이 있는 만화 느낌의 곡선에서 단단하고 거친 현실 같은 형태로 변하며 마치 야마다 씨가 '테이크 온 미Take On Me' 뮤직비디오를 자신의 반대 버전으로 만드는 듯하다.

영화는 또 다른 초현실적이고 만화 같은 몽타주 장면으로 끝난다. 가족은 우산을 들고 구름 속으로 날아갔다 현실로 돌아온다. 어쩌면 그 장면은 영화 전체를 축약하고 있는지도 모른다. 다카하타의 다음 영화인 「가구야 공주 이야기」가 나오기까지는 오랜 시간이 걸리는데, 디지털이지만 손으로 그린 듯한 느낌과 변화무쌍한 표현주의 선, 대나무를 자르는 사람, 천상의 결말까지 그 모든것이 이미 「이웃집 야마다 군」의 창조의 나래 속에 들어 있다.

센과 치히로의 행방불명
(SPIRITED AWAY, 2001)

어디론가 가는 길

감독: 미야자키 하야오
각본: 미야자키 하야오
상영 시간: 2시간 4분
일본 개봉: 2001년 7월 20일

팬이라면 스튜디오 지브리가 세상에 등장했을 때를 기억할 것이다.
「센과 치히로의 행방불명」은 이 책을 읽고 있는 독자들이 가장 처음 빠져들고 좋아한 영화일 확률이 높다.
「센과 치히로의 행방불명」은 전작인 「모노노케 히메」를 뛰어넘어 일본에서 흥행 기록을 깨뜨리며
열풍을 몰고 왔다. 영화는 미야자키의 작품이 일찍이 받았어야 할 존경과 환호, 찬사를 얻으며
전 세계 개봉의 진정한 혜택을 누린 첫 지브리 작품이다.

상단 그림: 유쾌한 설정과 독특한 캐릭터가 가득한 스튜디오 지브리의 영화는 언제나 눈을 즐겁게 해 준다.
왼쪽 그림: 어린이와 다른 세계의 정령을 위한 기차표 두 장 주세요.

「모노노케 히메」를 제작하며 강도 높게 일한 미야자키 하야오는 1998년 1월 장편 영화 제작에서 은퇴를 선언했다. 그러나 그는 가만히 있지 않았다. 미야자키는 프랑스 작가이자 비행사인 앙투안 드 생텍쥐페리Antoine de Saint-Exupéry의 사하라 사막 횡단 비행을 재현한 여행기를 1998년 홀로 촬영했다. 또한 스튜디오 지브리 본사 근처에 '아틀리에'라고 불리는 자신만의 사무 공간을 만들었다. 그는 '히가시코가네이 교습소 II'에서 18~26세의 젊은 애니메이션 감독 지망생들을 위한 워크숍 과정을 가르치며 3년 전 비슷한 과정을 진행했던 다카하타 이사오의 뒤를 따랐다. 거기에 애니메이션 기술에 헌정하는 지브리 미술관을 계획하기 시작했다.

얼마 지나지 않아, 미야자키는 다시 장편 영화 제작에 복귀한다. 미야자키는 친구 가족과 휴가를 보내다 그들의 어린 딸들이 읽고 있던 평범한 만화에서 영감을 받아 현대의 10세 소녀를

염두에 둔 영화를 만들고자 했다. 10년 전에 만든 「마녀 배달부 키키」와 비슷한 고무적인 주제로 돌아간 미야자키는 1999년 11월 프로젝트 기획 제안서에 이렇게 적는다. "영화는 선과 악이 공존하는 다른 세계에 던져진 어린 소녀의 이야기가 될 것이다. 이곳에서 소녀는 혹독한 훈련을 거치며 우정과 희생을 배우고 지혜를 통해 살아남아 다시 원래의 세계로 돌아오게 된다."

그러나 1989년 이래로 세상은 변했고 미야자키의 사회의식과 갈등하는 세계관이 작품에 반영된다. "현재 세상은 더 혼란스럽고 탁해 보인다." 그는 이렇게 적는다. "그런데도 그 세상은 우리가 약해지고 망가지도록 위협을 가한다. 그러므로 이 영화의 목표는 판타지의 틀 안에서 이러한 세상을 명확하게 묘

왼쪽 그림: 대만 지우펀 마을의 비 내리는 풍경. 「센과 치히로의 행방불명」의 배경과 건축 양식이 비슷하다. 영화가 성공한 후, 지역 상점과 관광청은 이런 유사성을 부각했지만 미야자키 하야오는 영화와 마을은 아무 관련도 없다고 밝혔다.

하단 그림: 치히로가 하쿠의 진짜 이름을 기억해 낸 순간

오른쪽 그림: 「센과 치히로의 행방불명」의 일본판 포스터

사하는 것이다."

「센과 치히로의 행방불명」의 으스스한 혼령 세계의 디자인은 스튜디오 지브리에서 차로 가까운 거리에 있는 도쿄 고가네이 공원의 에도 도쿄 건축 박물관에서 영감을 받았다. "이곳에 오면 향수에 젖습니다. 특히 해가 저물어 가는 저녁, 문 닫는 시간에 홀로 서 있으면 눈물이 고이죠." 미야자키는 말했다.

감독의 상상력에서 쏟아지는 끊임없는 아이디어와 캐릭터로 미야자키의 기준에서 제작은 더디게 진행됐다. 그는 훗날 그

스토리보드 과정을 이렇게 묘사했다. "평소에는 절대 열지 않는 머릿속 뚜껑이 열리고 그 속의 전류가 나를 먼 곳으로 데려다준다."

일본과 한국의 여러 스튜디오에 애니메이션 작업 외주를 주어도 2001년 7월 개봉 예정일을 맞추긴 힘들어 보였다. 감독과 몇 명의 고위 직원들은 미야자키가 이야기를 펼치고 세세하게 발전시킬 수 있는 즉흥적인 스토리 회의를 열었다. 여느 때처럼 미야자키가 완전히 각본과 스토리보드를 끝내기

スタジオジブリ作品
STUDIO GHIBLI
生あります
めめ
トンネルのむこうは、不思議の町でした。
柊　瑠美
入野自由
夏木マリ
内藤剛志
沢口靖子
上條恒彦
小野武彦
菅原文太
宮崎 駿 監督作品
千と千尋の神隠し
製作総指揮　徳間康快●原作/脚本　宮崎 駿●音楽　久石 譲●作画監督　安藤雅司●美術監督　武重洋二●プロデューサー　鈴木敏夫 ●制作　スタジオジブリ
徳間書店・スタジオジブリ・日本テレビ・電通・ディズニー・東北新社・三菱商事 提携作品●特別協賛　ネスレ●配給　東宝
© 2001 二馬力・TGNDDTM

112-113쪽 그림: 이 정도 크기는 돼야 펼침면에 실을 맛이 나지.
오른쪽 그림: 치히로가 카펫에 신발을 벗어 던지고 유바바의 은신처로
돌격한다.

도 전에 애니메이션 작업은 시작됐고 그가 구상한 나머지 줄거리를 팀에게 설명한 건 단 한 번뿐이었다. 스즈키 도시오는 미야자키가 이렇게 외쳤다고 회상한다. "맙소사, 이 영화는 3시간짜리야."

이제는 노련한 프로듀서이자 조종의 달인이 된 스즈키는 개봉을 늦출 수 있다고 말했다. 그는 그런 제안이 미야자키를 자극할 걸 알았고 역시 효과가 있었다. 개봉을 연기하는 대신 그들은 이야기 뒷부분의 절반은 버리고 다시 방향을 바꿔 보기로 했다. 이미 완성된 애니메이션을 검토하며 미야자키는 '이상한 가면을 쓴 남자'를 주목했다. 영화의 시작 무렵 온천 다리 위를 떠다니는 엑스트라 역할이었다. 몇 년이 지난 후에도 스즈키는 그날을 기억한다. "2000년 5월 3일이었어요. 얼굴 없는 캐릭터가 주연으로 부상한 날이죠."

이렇게 방향을 전환하고 집중하며 「센과 치히로의 행방불명」은 2001년 7월 개봉일을 맞출 수 있었다. 영화의 개봉을 알리는 기자 회견장에서 미야자키는 장난기 가득한 모습으로 입을 뗐다. "4년 전에 은퇴하겠다고 선언한 사람이 이렇게 다시 오게 됐네요." 그는 즐거워할 만했다. 「센과 치히로의 행방불명」은 즉각적인 성공을 거두며 2001년 300억 엔 이상의 수익을 냈는데, 이는 뒤이은 상위 5개 영화인 「에이 아이」, 「진주만」, 「한니발」, 「혹성 탈출」 같은 영화의 수익을 모두 합한 만큼의 금액이었다.

일본에서 이 영화의 수익은 1997년 일본 박스오피스 역사상 가장 히트한 영화 자리를 두고 경쟁한 두 블록버스터 「모노노

케 히메」와 제임스 캐머런의 「타이타닉」을 넘어섰다. 그리고 거의 20년 동안 일본 역사상 가장 높은 수익을 올린 영화로 남아 있었다. 신카이 마코토의 2016년 작 「너의 이름은」이 이 기록을 처음으로 넘봤으며 그 후 2020년 거침없는 박스오피스 인기를 끈 한 속편 만화영화 「극장판 귀멸의 칼날: 무한열차편」이 그 기록을 깼다.

영화의 성공은 일본에선 엄청난 사건이었다. 해외 상영으로 벌어들인 수익은 적었다 해도 그 역시 대단한 일이었다. 「센과 치히로의 행방불명」은 베를린 국제 영화제에서 애니메이션으로는 처음으로 명예로운 최우수상인 황금곰상을 수상했다. 미야자키는 여행을 꺼렸고 시상식 참석은 더욱 주저했기 때문에 이 영화가 받은 36개의 상 중 대부분을 지브리의 외국 임원인 스티브 알퍼트가 받았다.

알퍼트는 자신의 회고록에서 영화가 세계적인 찬사를 받는 돌풍의 중심에 자신이 있던 흥미로운 시기를 말한다. 그는 영화제에 참석하지 않는 천재를 대신해야 했던 경험을 설명했다. "이미 눈치채셨겠지만 저는 일본인이 아닙니다."라고 말하며 황금곰상을 받은 그는 참석하지 않은 거장을 대신해 예상 밖의 대역을 맡아야 했다. 또한 모든 시상식 중 가장 중요한 아카데미 시상식에 미야자키가 참석하도록 설득했지만 결국 실패한 일도 전했다.

감독이 직접 참석하지 않았음에도 영화는 아카데미 시상식의 최우수 장편 애니메이션상을 받았다. 현재까지도 비영어권 작품으로는 유일하게 수상한 영화이다. 미야자키는 수상 후 2003년 미국의 이라크 침공을 암시적으로 언급한 발표문을 냈다.

"현재 세계가 매우 안타까운 상황에 놓여 있습니다. 그런 이유로 수상의 기쁨을 완전히 누릴 수 없어 유감입니다. 그러나 「센과 치히로의 행방불명」이 미국에서 상영될 수 있도록 노력한 모든 동료와 영화를 높이 평가해 준 많은 분들께 깊은 감사를 드립니다."

디즈니와 스튜디오 지브리의 모회사인 도쿠마 쇼텐의 계약에 이어 미라맥스가 「모노노케 히메」를 배급하며 빠르게 터득한 경험으로 「센과 치히로의 행방불명」의 해외 출시는 더욱 매끄럽게 진행됐다. 또 하나, 지브리엔 픽사의 수장이자 미야자키의 오랜 팬인 존 라세터John Lasseter라는 든든한 지지자가 있었다. 그는 디즈니의 베테랑 감독인 커크 와이즈Kirk Wise의 「미녀와 야수」나 「노트르담의 꼽추The Hunchback of Notre Dame」 같은 영화의 영어 더빙을 제작한 바 있다.

이런 지원에도 불구하고 디즈니는 어떻게 「센과 치히로의 행방불명」을 효과적으로 마케팅하고 선보일지 잘 몰랐다. 영화는 가족 친화적인 모험 영화와 예술 작품 사이에 어정쩡하게 포지셔닝 되면서 걸작 애니메이션으로서의 가치를 홍보에 잘 담아내지 못했다. 2002년 후반 제한적으로 상영된 후 아카데미 수상을 기회 삼아 더 많은 700개 영화관에 재개봉했지만, 로저 에버트 같은 영향력 있는 비평가의 열렬한 관심에도 불구하고, 일본에서 거둔 이익의 5% 미만 정도인 1천만 달러의 수익을 내는 데 그쳤다.

결국 「센과 치히로의 행방불명」은 국제적인 블록버스터가 될 운명은 아니었지만, 고양이 버스는 이미 떠났다. 자국에서 엄청난 흥행 성공을 거두고 해외에서도 명성 있는 상을 받은 영화는 서양 전역의 영화관과 TV, DVD 플레이어를 통해 상영됐고, 이로써 스튜디오 지브리는 새로운 해외 관객들을 만날 수 있었다. 많은 이들이 미야자키의 마법을 가장 강렬히 경험한 첫 작품이었으며, 그 뒤로도 그의 마법은 계속됐다.

「센과 치히로의 행방불명」 감상 후기

「센과 치히로의 행방불명」에는 두 명의 대두 쌍둥이 마녀와 팔이 여섯 개 달린 보일러 지기, 용으로 변신 가능한 소년과 엄청난 양의 뷔페를 먹어 치우는 괴물이 나온다. 그러나 가장 마법 같은 순간은 이 영혼의 세계를 헤쳐 나간 어린 소녀가 아름답게 저무는 수평선을 응시하며 부드럽고 만족스럽게 팥빵을 깨물 때다. 갑자기 그 순간, 이전의 모든 판타지 요소가 줄어들고 '사람의 일상은 변하지 않는 그대로'라는 사실이 느껴지기 시작한다. 이것이 스튜디오 지브리를 특별하게 만든다. 그들은 풍부한 상상력으로 구현한 판타지를 현세의 사실주의와 함께 배치해 손에 닿을 수 있는 숭고함과 마법과 같은 현실을 만든다. 「센과 치히로의 행방불명」은 관객을 흠뻑 매료시키는 지브리의 특별한 능력을 보여 준다. 압도적이고 비교 불가능한 창의력이 만발한 작품이다.

영화는 여러 지브리 작품에서 선보여 이미 익숙한, 가족이 차를 타고 새집으로 이사하는 장면에서 시작한다. 「이웃집 토토로」의 마법 같은 여정도 그렇게 시작되는데 공식을 변경할 필요는 없지 않겠는가? 뒷좌석에는 까다로운 10살 소녀인 치히로가 앉아 있는데 모험심이 없고 성가신 성격이 지브리의 전형적인 주인공들과는 상반된다. 가던 방향을 바꿔 가족은 버려진 테마파크에 발을 들이게 된다. 7년 전 나온 다카하타 이사오의 「폼포코 너구리 대작전」에서 착취적인 소비주의의 경고가

된 장소이다. 테마파크는 무절제함으로 인한 결과를 보여 주며 산산이 무너져 있다. 치히로의 부모는 손님은 없지만 음식이 가득한 식당에 앉아 게걸스럽게 먹기 시작한다. 다음은 미야자키가 가장 심란해하는 장면으로 영화 「동물 농장」의 마지막 순간을 떠오르게 한다. 질펀하게 들이마신 탐욕이 두 인간을 돼지로 만든다. 치히로가 그들을 발견했을 때는 얼굴이 프레임을 가득 채울 정도로 커졌다. 그 광경에 놀란 하쿠라는 소년은 치히로에게 근처 온천에 일자리를 찾아 은신처를 구하라고 말한다.

온천은 치히로의 가상 여행이 본격적으로 시작되는 곳이다. 그녀가 처음 만나는 사람은 사지가 여러 개인 '가마 할아범'으로, 그는 숯검댕이들의 노움으로 온천 보일러실을 운영한다. 그의 거처는 더럽고 무질서하며 지하에 숨겨져 있다. 보일러실의 녹슨 모습은 장엄한 온천의 그늘에 가려져 있다. 이 추악한 생산 설비는 운영에 꼭 필요하지만 손님들은 볼 수 없다. 그런 면에서 가마 할아범은 마치 지브리의 애니메이터들과도 같다.

온천 안으로 안전하게 들어간 후 치히로는 일자리를 구하기 위해 마녀이자 현장 관리자인 유바바에게 향한다. 가마 할아범과는 반대로 유바바는 집의 꼭대기, 장신구가 넘쳐나는 화려한 방에 앉아 있다. 그녀의 거창한 의상과 보석은 사치스러운 인테리어 디자인 취향과 들어맞는다. 마법을 부리는 두 명의 자매

중 교활한 유바바와 차분한 제니바는 한 쌍을 이루며 「오즈의 마법사」에 나오는 동쪽 마녀와 서쪽 마녀를 연상하게 한다. 유바바는 악당 쪽에 끼워 맞추려 해도 잘 들어맞지 않는 지브리 캐릭터이다. 유바바는 허세와 복수심이 강하지만 아이와 고객을 대하는 태도에는 진심 어린 배려도 느껴진다. 치히로에 대한 약간의 자부심을 나타내기도 한다. 유바바의 우스꽝스러운 웃음과 날카로운 말투, 만화처럼 거대한 머리는 흥미롭다. 그리고 유바바는 치히로를 일자리로 보낸다.

신입인 치히로는 궂은일을 맡게 된다. 그녀는 목욕하러 온 움직이는 찌꺼기 덩어리인 오물 영령을 대하는 힘든 일에 내몰렸다. 그의 악취는 주변의 음식을 썩게 하고 다른 직원들이 꽁무니를 빼게 한다. 하지만 치히로는 용기를 내서 오물 영령이 목욕하는 곳에 뛰어 들어가 그의 옆구리에 박혀 있는 자전거 핸들을 발견해 빼낸다. 그러자 가공할 만한 진흙 분비물과 사람들이 버린 쓰레기가 뿜어져 나와 파도를 이룬다. 악취 나는 오물 영령은 사실 강의 영령이며 단지 오염됐을 뿐임을 보여 준다. 이후 치히로는 온천에서 약간의 신임을 얻게 된다. 영화는 알아볼 수 없을 정도로 자연을 망치는 인간의 과도한 쓰레기 배출과 소비 행태를 보여 주며 소비주의와 환경주의라는 큰 두 가지 주제를 결합한다.

상단 그림: 지브리 작품 중 가장 인상적인 배경으로 뽑힐 만한 「센과 치히로의 행방불명」의 온천. 에도 도쿄 건축 박물관에서 열린 '스튜디오 지브리 영화 건축물 전시회'에 진열된 영화 속 온천의 모형.
왼쪽 그림: 지브리의 가장 상징적인 캐릭터인 교각 위의 가오나시.

비슷한 효과를 주는 것이 바로 지브리의 상징적인 캐릭터, 얼굴 없는 신인 '가오나시'다. 치히로가 몰래 온천에 들여보내 주자 이 민무늬 검정 형체는 눈에 보이는 대로 음식을 먹어 치운다. 만족을 모르는 무법자인 스타워즈의 '자바 더 헛'처럼 순식간에 팽창하여 온 뷔페 식탁과 직원을 먹어 치우는 동시에 금을 던져댄다. 직원들은 가오나시가 일으키는 피해는 눈치채지 못한 채 쏟아지는 금덩이에 행복해하며 춤춘다. 오물 영령이나 얼굴 없는 영령 같은 존재는 온천을 스릴 넘치는 곳으로 만든다. 일이 끝나고 치히로는 조용히 팥빵을 먹으며 휴식을 취한다. 교대 시간 사이에 취하는 휴식은 영화가 느슨해지는 몇 안 되는 장면이다. 영화의 뒷부분, 빛나는 호박색 바다를 기차로 가로질러 가는 장면은 명상을 부르는 천상의 고요함을 들이마시는 것 같다. 친구와 나눠 먹는 주먹밥은 그 어떤 약보다도 효과 좋은 영혼 치료제다.

아름답게 표현되는 쉼표의 순간들이 있지만, 「센과 치히로의 행방불명」은 여전히 정신없는 영화이다. 뛰어난 캐릭터 디자인과 넘치는 상상력을 자랑하는 애니메이션의 대가 덕분에 줄거리는 복잡하고 다소 허무해졌다. 넘쳐흐르는 온천과 그 안의 사람들, 그들의 사연과 신의는 창조의 향연 속에 사라지고 서둘러 온천 밖에서 결말을 그려 보지만, 전혀 매끄럽지가 않다. 그러나 「센과 치히로의 행방불명」이 주는 즐거움은 이야기의 응집력에서 나오지 않는다. 온천에 왔으니 그 안에서 흠뻑 젖을 때 우리도 최고의 경험을 할 수 있다.

고양이의 보은
(THE CAT RETURNS, 2002)

고양이 동화 속으로의 여행

감독: 모리타 히로유키
각본: 요시다 레이코
상영 시간: 1시간 15분
일본 개봉: 2002년 7월 19일

「센과 치히로의 행방불명」이 대대적으로 개봉한 지 1년 후 발표된 「고양이의 보은」은 특별한 뒷이야기를 지닌 독특한 영화이다.

1999년 스튜디오 지브리는 한 테마파크로부터 고양이라는 한 가지 주제로 20분짜리 단편 애니메이션을 만들어 달라는 요청을 받았다. 이 '고양이 프로젝트'는 1995년 작인 「귀를 기울이면」과 유사한 속편으로 발전했다. 미야자키 하야오는 콘도 요시후미의 10대 로맨스인 「귀를 기울이면」의 주요 장소와 인물, 특히 늠름한 바론을 사용하자고 제안했다.

「귀를 기울이면」의 만화 원작자인 히이라기 아오이가 이 후속편을 만들기 위해 투입됐다. 그리하여 나온 만화는 완전한 속편이 아니라 「귀를 기울이면」의 상상력이 풍부한 소녀, 시즈쿠가 생각해 낼 만한 이야기가 됐다.

테마파크와의 연계 작업은 흐지부지됐지만 '고양이 프로젝트'는 스튜디오의 유망한 인재를 위한 잠재적 쇼케이스의 장으로 재편됐다. 지브리의 모회사인 도쿠마 쇼텐에서 출간한 히이라기의 만화는 예상보다 분량이 길어 45분짜리 비디오용 단편 영화가 될 수 있다는 의견이 나왔다.

베테랑 애니메이터이자 오랫동안 프리랜서로 일해 온 모리타 히로유키Hiroyuki Morita가 감독으로 선택됐다. 그는 지브리에서 「마녀 배달부 키키」의 동화 작업과 「이웃집 야마다 군」의 원화를 맡았으며, 「아키라」부터 「퍼펙트 블루」 같은 지브리 이외의 고전들도 작업해 왔다. 프로듀서 스즈키 도시오는 모리타의 방대한 스토리보드와 야심 찬 기획 제안서를 보고 이 단편을 장편 영화로 만들기로 했다. 그는 영화가 히트할 거라고 확신했고 본격적으로 영화관 개봉을 준비했다.

스즈키의 자신감은 근거가 있었다. 「센과 치히로의 행방불명」의 기록적인 수익에 미치진 못했지만 「고양이의 보은」은 2002년 64억 엔이라는 상당한 수익을 올리며 그해 일본 박스 오피스에서 상영된 국내 영화 중 가장 좋은 성적을 냈다. 최종 집계에선 할리우드 대형 블록버스터인 「해리 포터와 비밀의 방」과 「스파이더맨」, 「반지의 제왕: 두 개의 탑」에만 밀린 정도 였다. 이런 대형 작품들에 비해 이 소박한 75분짜리 장편 영화는 신선하고 단순하게 느껴졌을 것이다. 영화는 극장 프로그램을 채우기 위해 스튜디오 지브리의 생활을 만화로 그려 낸 「기브리즈 에피소드 2」와 동시에 상영됐다.

데뷔작의 성공에도 불구하고 모리타 히로유키는 프리랜서의 생활로 돌아가고 훗날 다카하타의 「가구야 공주 이야기」로 지브리에 돌아왔다. 글을 쓰는 이 시점에도 그는 아직 다른 장편을 감독하지 않았다. 「고양이의 보은」은 「센과 치히로의 행방불명」의 아카데미 수상 성공에 힘입어 국제적인 지원을 받았다. 앤 해서웨이Anne Hathaway와 팀 커리Tim Curry, 바론 역을 맡은 캐리 엘위스Cary Elwes 같은 스타들이 더빙에 참여했다. 영화는 서구의 많은 젊은 관객이 처음 접한 지브리 영화가 됐으며 몇몇 시장에서는 DVD가 「귀를 기울이면」보다 먼저 출시되어 오히려 속편의 위치가 더 중심적인 존재가 되어 버렸다.

왼쪽 그림: 지브리의 첫 속편 영화를 위해 고양이 남작이 돌아왔다.
하단 그림: 지브리가 선사하는 고전적인 음식 장면. 진정한 뷔페 향연에서 무타가 케이크에 열중하고 있다.

이론적으로 「고양이의 보은」은 이상적인 지브리 영화가 될 요소를 모두 갖고 있다. 세상에서 자신의 위치를 찾아가는 젊은 여주인공과 초월적인 마법의 영역. 멋진 뷔페 요리의 즐거움은 물론 수많은 고양이들도 등장한다. 그러나 이 모든 것은 우리가 지브리 영화에 이미 기대했던 재료이고, 「고양이의 보은」은 열정의 분량이 한참 부족한 탓에 결국 지루한 지브리 가공식품이 되어 버렸다. 지브리의 '실패작'인 「이웃집 야마다 군」이나 「게드 전기―어스시의 전설」 같은 작품은 뛰어나진 않아도 영화의 창의적인 포부에 감탄할 만하다. 아쉽게도 「고양이의 보은」은 지브리의 '실패작'보다 더 드문 경우다. 지브리 상상력이 결여됐다. 보는 순간 거슬리는 영화의 질감과 어색한 인물들, 엉성한 스토리까지. 「센과 치히로의 행방불명」이나 「귀를 기울이면」 같은 지브리 작품들은 「이상한 나라의 앨리스」처럼 낯선 판타지 이야기의 요소가 있지만 현대적인 감성과 주제에 맞게 이를 조정해 전형적인 서사에서 벗어나고 열정적인 미지의 영역으로 전환됐다.

「고양이의 보은」은 차에 치일 뻔한 고양이 왕자를 구한 후 그와 약혼한 소녀, 하루를 따라가는 단순한 이야기다. 하루는 마법의 왕국을 여행하며 칼싸움에서 살아남고 왕실 연회에서 식사한다. 동화 같은 여행을 즐겁게 누비며 정원 미로를 탐색하기도 한다. '침착한' 성격이 바람직하고 싸움이 인생의 문제를 해

결하는 믿을 만한 해결책이라고 제시하는 딱딱한 이야기이다. 서사적인 유연성이나 스튜디오에 기대해 온 도덕적 탐구는 보이지 않는다. 「귀를 기울이면」의 캐릭터를 사용한 것 역시 또 다른 실망감을 준다. 바론의 경우는 화려하고 과장된 캐릭터가 됐으며 무타는 무능한 바보로 표현됐다.

전체적인 흐름은 특별한 게 없다. 도시의 뒷골목을 어슬렁거리는 들고양이들의 일상적인 모습을 지브리 접근 방식으로 마술처럼 묘사했다.

고양이 왕국의 후줄근하고 이상한 고양이 왕은 두서없는 통치로 정신없이 웃기지만 그렇다고 즉흥적인 마지막 장면을 만회하긴 충분치 않다. 새로운 인물과 배경 이야기가 그나마 영화의 서사를 이끌어 간다. 영화는 「마녀 배달부 키키」를 연상시키는 인상적인 이미지로 끝을 맺는다. 하늘에서 굴러떨어진 하루가 까마귀 떼와 날다 그들을 나선형 계단처럼 사용해 땅으로 안전하게 내려온다. 아름다운 순간으로 기억에 남을 만한 장면이다.

상단 그림: 까마귀 계단 위의 바론과 하루. 지브리의 일반적인 비행 장면과는 달라 눈에 띄는 장면이다.
오른쪽 그림: 「고양이의 보은」의 일본판 포스터

猫の国。それは、自分の時間を
生きられないやつの行くところ。
猫になっても、いいんじゃないッ？

スタジオジブリ作品
STUDIO GHIBLI

猫の恩返し

宮崎 駿 企画 ● 森田宏幸 第一回監督作品
池脇千鶴 ● 袴田吉彦 ● 前田亜季／山田孝之／佐藤仁美／岡江久美子 ● 丹波哲郎

原作 柊あおい『バロン 猫の男爵』（徳間書店刊）● 脚本 吉田玲子 ● 音楽 野見祐二 ● 主題歌「風になる」つじあやの（ビクター） ● 作画監督 井上 鋭 ● 美術監督 田中直哉 ● 特別協力 クローリン ● 配給 東宝
製作プロデューサー・鈴木敏夫 ● 制作 スタジオジブリ ● 徳間書店・スタジオジブリ・日本テレビ・ディズニー・博報堂・三菱商事・東宝 提携作品 ハウス食品

The Cat Returns   www.nekononongaeshi.com

하울의 움직이는 성
(HOWL'S MOVING CASTLE, 2004)

최고의 움직이는 집

감독: 미야자키 하야오
각본: 미야자키 하야오
상영 시간: 1시간 59분
일본 개봉: 2004년 11월 20일

2001년 7월, 「센과 치히로의 행방불명」의 출시 임박을 알리는 기자 간담회에서
미야자키 하야오는 이제 장편 영화감독에서 은퇴하겠다고 발표했다. 대신 그는 곧 개관할
지브리 미술관에 특별한 전시를 기획하고 미술관 내 극장에서 상영할 단편 영화 제작에
집중하려 했다. 감독직은 젊은 세대의 몫이고 이제는 그들이 자리를 넘겨받을 차례였다.

상단 그림: 두 주인공인 마법사 하울과 저주의 희생양 소피 사이에 유대감이 생긴다.
왼쪽 그림: 포탑부터 금속 닭발까지, 움직이는 성은 미야자키의 또 다른 매력적인 창조물이다.

그해 9월, 스튜디오 지브리는 차기 장편 프로젝트로 영국 웨일스 출신 작가 다이애나 윈 존스Diana Wynne Jones의 판타지 영문 소설인 《하울의 움직이는 성》을 각색한다고 발표했다. 미야자키가 표면상 은퇴했기 때문에 감독 역할은 유망한 젊은 영화 제작자인 호소다 마모루Mamoru Hosoda에게 맡겨졌다. 그는 미야자키의 1979년 장편 영화 데뷔작인 「루팡 3세: 칼리오스트로의 성」을 보고 감명을 받아 애니메이션계에 발을 들인 인물이었다.

사실 호소다는 일찍이 지브리에 애니메이터로 지원했다. 하지만 미야자키는 다른 곳에서 기술을 연마하라고 격려하며 직접 거절 의사를 밝혔다. 그래서 호소다는 1990년대를 도에이 애니메이션에서 일하며 「드래곤볼 Z」와 「세일러문」의 애니메이터로 실력을 다졌으며 2000년에는 인기 만화 「디지몬 어드벤처」의 공동 감독을 맡았다. 과연 그가 제2의 미야자키가 될 수 있었을까?

지브리는 그렇게 생각하지 않은 건 분명했다. 2002년 말 호소다가 감독직에서 물러나고 미야자키가 돌아왔기 때문이다. 그리고 영화의 전체 방향도 바뀌었다. 아트북 《하울의 움직이는 성The Art of Howl's Moving Castle》에 열거된 타임라인에는 프로젝트가 잠시 중단됐던 시기가 빠져 있다. 대신 2002년 9월 조사차 유럽을 방문한 일부터 11월에 시작된 미야자키의 각본과 스토리보드, 콘셉트 스케치, 2003년 2월부터 본격적으로 진행된 제작 과정을 에어브러시로 그려 냈다.

감독에서 밀려난 일은 호소다에게 잠깐의 좌절일 뿐이었다. 그는 훗날 일본 애니메이션 역사상 가장 성공하고 존경받는 독창적인 감독 중 한 명이 된다. 호소다는 2006년 「시간을 달리는 소녀」를 시작으로 「썸머 워즈」, 「늑대아이」와 「괴물의 아이」, 그리고 아카데미상 후보에 오른 「미래의 미라이」를 만든다. 그는 돌이켜보면 그 일이 전형적인 창조적 견해차로 일어났으며 자

신이 영화 제작자로 성장하는 데 중요한 경험이 됐다고 말한다. "미야자키와 비슷하게 영화를 만들라고 했죠. 하지만 저는 제 방식대로 만들고 싶었어요. 스튜디오가 원하는 방향과 제 방향의 차이가 너무 커서 프로젝트를 그만둘 수밖에 없었습니다."

미야자키의 은퇴는 처음도 마지막도 아닌 일시적인 것으로 판명 났고 「마녀 배달부 키키」 때처럼 젊은 감독의 작업은 그 대가를 치렀다. 베니스 국제 영화제에서 「하울의 움직이는 성」의 완성작을 선보인 날, 이에 대한 질문을 받자 미야자키는, "내 안의 심술궂은 마음이 자꾸 더 하고 싶게 만드네요."라고 했다. 「하울의 움직이는 성」은 2004년 11월에 개봉됐으며 일본 박스오피스에서 큰 성공을 거뒀다. 「센과 치히로의 행방불명」의 총수익에는 미치지 못했지만, 이 글을 쓰는 지금까지도 역사상 가장 높은 수익이 난 일본 영화 중 하나로 꼽힌다. 영화는 스즈키 도시오가 기존에 펼치던 공격적인 광고 없이도 성공을 거뒀다. 「센과 치히로의 행방불명」의 성공이 어느 정도 뛰어난 마케팅 덕분이었다는 의견이 직원 회의에서 나오자 미야자키가 분노해 광고를 줄였다는 얘기가 있다.

미야자키는 계속되는 국제적 분쟁에 크게 동요하며 침통해했

왼쪽 그림: 「하울의 움직이는 성」의 일본판 포스터
하단 그림: 거대한 새와 어린 소녀부터 말쑥한 마법사와 나이 든 가정부까지, 하울과 소피는 변신을 거듭한다.

다.《더 가디언The Guardian》의 잔 브룩스Xan Brooks와 영화의 성공을 논하는 인터뷰에서 그는 침통한 심경으로 당시의 세계를 설명했다.

"저는 개인적으로 매우 비관적인 사람입니다. 그러나 예를 들어 우리 직원에게 아이가 생겼다고 하면 밝은 미래를 바라며 축복해 줄 수밖에 없죠. 그 아이에게 '아, 이 세상에 오지 말았어야 했어.'라고 말할 수 없기 때문입니다. 하지만 저는 세상이 나쁜 방향으로 가고 있다고 생각해요. 그래서 그런 상반된 마음으로 어떤 영화를 만들어야 할지 고민하게 되죠."

이러한 심경은 윈 존스의 원작보다 훨씬 어두워진 미야자키의 각색에서 제대로 드러났다. 지브리가 각색한 작품의 다른 원작자들과는 달리 윈 존스는 외교적이면서도 통찰력 있는 평을 했다.

"미야자키와 저는 모두 제2차 세계 대전 시대의 아이들이죠. 하지만 그걸 표현하는 방법은 반대인 것 같아요. 저는 실제 전쟁 요소를 생략하려 한 반면 미야자키는 전쟁의 비참함과 대규모 폭격의 굉장한 영상 효과를 표현하면서 두 마리 토끼를 다 잡았죠."

그 후 지브리가 이 후속작으로 선택한 판타지 영문 소설의 작가는 그렇게 녹록하지 않았다.

상단 그림: 베니스 국제 영화제의 평생 공로상인 황금사자상을 들고 있는 미야자키 하야오.
왼쪽 그림: 하울의 목소리를 연기한 크리스티안 베일Christian Bale은 「센과 치히로의 행방불명」을 좋아한다고 알려진 지브리 팬이다.
오른쪽 그림: 캘시퍼를 들고 있는 하울. 많은 시청자에게 캘시퍼는 영화의 심장이다.

「하울의 움직이는 성」 감상 후기

미야자키의 「센과 치히로의 행방불명」은 비영어권 영화로는 최초로 아카데미 영화제의 최우수 장편 애니메이션상을 받았는데, 지브리는 그 명성을 이어 갈 수 있었을까? 아니, 결코 쉽지 않았다. 많은 은퇴자가 느끼는 위기감이겠지만 「하울의 움직이는 성」은 미야자키가 자신의 젊은 시절 대히트한 작품을 재현하기 위해 돌아온 느낌을 준다. 평단의 극찬을 받고 엄청난 상업적인 성공을 거둔 후에도 그는 스튜디오의 저변을 넓히기보단 옛날 방식을 추구하기로 했다.

그러나 지브리의 오래된 유물들은 특징이 있다. 일단 꽤 멋지다. 범 유럽적인 배경에 중력에 도전하는 비행기, 맛있는 아침까지 「하울의 움직이는 성」에는 지브리가 주는 완벽한 안락함이 있다. 하지만 누가 '그저 괜찮은 수준'의 미야자키 하야오 영화를 원할까?

영화는 전쟁을 배경으로 하지만 자세한 사항은 꽤 모호하게 그려진다. 전쟁으로 인한 파괴가 논리를 뒤덮는다. 이는 아마 미야자키가 의도한 바로, 당시 이라크 침공으로 촉발된 전쟁의 참담함과 그 중심에 있는 사람들의 혼란과 망각, 변덕스러운 자아를 반영한다. 그러나 미야자키는 자신이 사랑하는 비행기 스케치를 전투에 사용하며 전쟁을 점점 배경으로만 만든다.

「바람계곡의 나우시카」와 「천공의 성 라퓨타」에서 사용된 미야자키의 디자인을 연상시키는 항공기는 두꺼운 철제 몸통과 금속 나비 날개가 특징으로, 기묘한 무게와 섬세함 사이에서 균형을 이루며 마치 전쟁의 기괴함과 자연의 아름다움 사이에서 찢기는 듯하다. 다가오는 전운에 갇힌 이는 젊은 모자 제작자 소피다. 그녀는 황야의 마녀에게 저주를 받아 할머니가 된다. 집에서 떠나기로 한 소피는 걸어 다니는 이상한 건물로 피한다.

바로 하울의 성, 영화 제목에도 등장하는 멋진 창조물 속으로. 철판과 석탑, 독특한 벽돌 오두막집 같은 외관과 커다란 천 날개, 말도 안 되게 작은 금속 닭다리를 조각조각 이어 붙인 거대한 성이다. 이 커다란 짐승 같은 성은 즉각적인 이동과 변형이 가능하다. 도시의 상점가로 이동하거나 고요한 골짜기로 가는 관문이 되기도 한다. 곳곳의 상충하는 요소를 균형 맞춘 이상적인 터전, 유토피아적인 산업에 대한 미야자키의 비전이다.

이곳에서 소피는 새 가족을 만난다. 마르클이란 남자아이와 성을 움직이게 하는 불의 요정 캘시퍼, 그리고 2000년대 중반의 펑크 록 아이돌 같은 고집스럽고 독립적인 마법사 하울. 하울은 자신을 큰 새로 변하게 하는 악의 저주를 이용해 날아다니는 항공기와 폭탄을 탐색하며 전쟁과 싸우고 있다. 평화로운 방식을 원하는 「모노노케 히메」의 아시타카와 달리 최전선에서 싸우는 하울은 뜻하지 않게 영웅으로 표현되며 혼란스러운 전쟁의 희생양이 된다.

소피가 성을 통째로 청소하는 인상적이고 통쾌한 장면처럼 영화는 성 안에서 그 빛을 발한다. 그녀는 새로운 가족들을 위해 캘시퍼의 불길을 길들여 지글거리는 맛있는 요리를 만든다. 배에서 꼬르륵 소리가 나게 만드는 베이컨과 달걀 요리 말이다. 소피는 나중에 황야의 마녀가 가족의 일원이 되자 자신도 노인의 몸이지만 그녀를 힘껏 돌본다. 존중과 인류애를 느끼게 되는 관계이다. 부모처럼 마녀를 돌봐 주는 소피의 감동적인 행동으로 마녀가 소피에게 걸었던 저주는 점차 잊힌다.

그녀는 분명한 자율성을 가졌지만 다른 사람을 위해서 행동한다. 하울의 세계 안에 커다란 가능성이 있음에도 이전 작품의 산과 치히로, 키키에 비해 소피의 모험은 집 안에 한정된다.

이때 미야자키가 그의 인생의 어느 지점에 있었는지 생각해 보면 영화 속 노인에 대한 존중이 이해가 간다. 소피는 저주를 받은 후 오히려 더 자신감을 얻는다. 마르클도 노인으로 변장할 때 존중을 받으며, 황야의 마녀는 표독한 악당에서 정신없지만 매력 있는 할머니로 변모한다. 하울의 움직이는 성에선 나이가 들었다고 조연이 될 필요가 없으며 미야자키도 이를 마음에 새기게 된다. 그는 나이가 들고 연거푸 은퇴를 했지만, 이후 그의 몇 작품은 미야자키를 다시 확고한 영웅의 위치로 올려놓는다.

왼쪽 상단 그림: 하울의 여정에 동행하는 강아지 힌과 어린 소년 마르클, 그리고 허수아비.
왼쪽 하단 그림: 소피가 캘시퍼를 만났을 때. 배우 빌리 크리스털Billy Crystal이 영미판에서 불의 악마 캘시퍼의 목소리를 연기했다.

게드 전기-어스시의 전설
(TALES FROM EARTHSEA, 2006)

미야자키 대 미야자키

감독: 미야자키 고로
각본: 미야자키 고로, 니와 케이코
상영 시간: 1시간 55분
일본 개봉: 2006년 7월 29일

짐작했겠지만 「하울의 움직이는 성」 이후 미야자키 하야오는 은퇴를 발표했다.
그리고 적어도 한 프로젝트가 끝나기까지는 그 결정을 고수했다.
그 프로젝트로 스튜디오 지브리는 미야자키에게 중요한 영향을 미친 것으로 알려진
미국 작가의 영문 소설을 각색했다.

미야자키는 원래 1980년대 초 '어슐러 르 귄Ursula K. Le Guin'의 《어스시의 전설》을 애니메이션으로 각색하기 위한 권리를 얻으려다 실패했다. 그는 훗날 그의 침대 옆 탁자에 어슐러의 판타지 시리즈가 항상 놓여 있었으며 「바람계곡의 나우시카」부터 이후 작품들에 많은 영향을 받았다고 말했다.

「이웃집 토토로」와 「센과 치히로의 행방불명」이 국제적인 성공을 거둔 후에야 르 귄은 《어스시의 전설》을 각색하려는 미야자키의 제안을 고려했다. 그리고 2005년 8월 미야자키와 스즈키 도시오는 작가를 방문해 허락을 받았다. 문제는 이 영화의 감독이 미야자키 하야오가 아닌 그의 아들, 미야자키 고로라는 점이었다.

미야자키 고로는 누구인가? 이때 그는 30대 후반으로, 원래는 아버지의 뒤를 잇는 애니메이션 일을 하지 않았다. 사실 이 프로젝트는 그의 첫 번째 영화 작업이었다. 고로는 언제나 낙서하길 좋아했고, 애니메이션과 만화의 열렬한 신봉자였다고 한다. 그러나 그는 조경사 교육을 받는 건축 컨설턴트로 공원

상단 그림: 아름답지만 엉성하다. 「게드 전기-어스시의 전설」은 근사해 보이지만 스토리가 빈약하다.
왼쪽 그림: 위대한 지도자의 아들인 아렌 왕자, 미야자키 하야오의 아들 고로의 감독 데뷔를 위한 서사가 시작됐다.

과 정원을 설계하는 일을 했다. 고로가 2001년부터 2005년까지 지브리 미술관의 프로젝트 매니저이자 초대 감독으로 일하며 그와 지브리의 인연은 시작됐다.

나이 많은 미야자키는 그의 전작에서 《어스시의 전설》의 각색을 위한 아이디어를 모두 소진했기에 새로운 인재를 시험해 볼 좋은 기회라 판단했다. 그러나 그게 족벌주의처럼 비친다면 고로가 감독을 맡는 걸 반대할 게 분명했다. 젊은 미야자키를 강력히 지지한 건 오랜 동료에게 경험보다 영감의 중요성을 강조한 프로듀서 스즈키 도시오였다. "이 임명이 무모하다는 건 알고 있다. 하지만 고로는 경험 없이도 지브리 미술관을 성공적으로 이끌었고, 나는 그가 재미있는 영화를 만들 수 있을 것 같았다." 스즈키는 그의 회고록에 이렇게 적는다. 제작 기간 동

안 미야자키 고로는 방대한 블로그를 운영했는데 모든 내용이 아버지와 관계됐다. "미야자키 하야오는 나에게 '0점짜리 아버지, 만점짜리 감독'입니다."라고 쓴 글은 쓸쓸한 가족의 모습을 드러내기도 했다. "아버지는 집에 거의 없었습니다. 완전히 일에만 몰두했죠. 그래서인지 어린 시절부터 지금까지 아버지와 대화할 기회가 거의 없었습니다."

고로는 아버지에게 아무 조언을 받지 않았고, 제작 기간 내내 서로를 피해 다녔다. 완성된 영화의 직원 시사회에서 하야오는 담배를 사러 중간에 나갔다 돌아와서 영화의 나머지 부분을 감상하고 이렇게 말한다. "내 아이를 봤어요. 아직 어른이 되지 않았네요. 그게 답니다. 영화 한 편 만들어 봤으니 좋은 경험이었습니다. 그걸로 그만둬야죠." 고로는 다른 지브리 직원을 통해 "영화가 정직하게 만들어졌다…… 그래서 좋았다."라는 메모가 올 때까지 사흘 동안 아버지에게 어떤 개인적인 피드백도 받지 못했다.

미야자키 부자의 갈등은 의도됐다는 설도 있다. 애니메이션 전문가이자 《미야자키 하야오: 일본 애니메이션의 대가Hayao Miyazaki: Master of Japanese Animation》를 쓴 헬렌 매카시Helen MaCarthy는 모든 것이 쇼라는 추측을 제시하기도 했다. 스즈키 도시오가 고로를 자립적인 감독으로 승격시키고 흥행을 이끌기 위해 만든 소문이라는 거였다. 이 가설에 동의하지 않더라도 새롭게 독립한 지브리의 대표가 된 스즈키가 스튜디오의 미래를 내다보는 눈을 가진 것은 분명했다.

그 작전은 효과가 있었다. 하지만 대가도 치렀다. 2006년 7월에 개봉한 영화는 큰 성공을 거두며 그해 전국 박스오피스에서 최고의 수익을 올린 일본 영화가 됐다. 그러나 동시에 일본에서 선정하는 그해 최악의 영화와 감독으로 뽑혔다. 일본 아카데미 시상식에서는 호소다 마모루의「시간을 달리는 소녀」에 패하는데, 호소다는 본래「하울의 움직이는 성」의 감독을 맡다 미야자키에게 해고된 바 있었다.

「게드 전기−어스시의 전설」은 지브리 작품 중 일반적으로 '최악의 영화'로 꼽히며 특이한 위치를 차지한다. 수많은 부정적 비평 중에서도 원작자 르 귄은 가장 냉혹한 평가를 내렸다. "「이웃집 토토로」의 정교함이나「센과 치히로의 행방불명」이 보여 준 힘차고 멋지고 풍부한 섬세함은 찾아볼 수 없습니다. 영화의 많은 부분이 논리적이지 않다고 느꼈어요. 영화 제작자는 책에서 몇 가지 이름이나 콘셉트만 취해서는 문맥 여기저기를 들어내며 일관성이 결여된 완전히 다른 이야기를 만들어 냈습니다. 원작과 독자를 향한 무례한 태도에 놀랐습니다."

오른쪽 그림:「게드 전기-어스시의 전설」의 일본판 포스터
하단 그림: 조경 건축가에서 애니메이션 판타지 건축가로. 미야자키 고로는 아버지를 따라 가업을 잇게 됐다.

「게드 전기-어스시의 전설」 감상 후기

미야자키 고로는 감독으로서의 아버지에게는 만점을 줬지만, 스스로는 그만큼 높은 점수를 얻지 못했다. 그러나 이런저런 평가를 차치하고, 그의 영화 「게드 전기-어스시의 전설」은 적어도 합격점을 받을 만하다. 당연히 결점은 있다. 그러나 영화는 어슐러 르 귄의 문장과 미야자키의 이름 사이에서 고유한 중심을 잡기 위해 씨름하면서도 굴하지 않았으며 지브리 영화 중 최악이라는 평가를 받을 정도는 아니었다. 과감히 임무를 맡은 고로는 격려받을 만하며 특히 아들이 아버지를 죽이는 장면으로 시작하는 영화 도입부를 보면 더욱 그렇게 느껴진다.

영화는 빛의 엄청난 가치를 말하는 어스시 세계관의 격언을 스크린에 띄우며 시작된다. 빛줄기와 광선, 얼룩이 빠르게 영화에 쏟아진다. 무성 영화였다면 르 귄의 문장이 더욱 위엄 있게 그려질 수도 있었을 것이다. 낡은 주석 광산의 무거운 그림자가 드리워진 오래된 해안 마을은 영국 콘월을 연상하게 한다. 해변의 거대한 황금색 모래 언덕에는 해군 함대의 목재 골격만이 기묘하게 놓여 있다. 이 호트 마을의 중심지는 이스탄불과 베니스, 바빌론 정원의 도시 계획이 합쳐진 것 같은 모습으로, 그 사이로 피어난 무성한 나무가 벽돌과 조화를 이룬다. 빛나는 장소는 아니지만, 빛바랜 우아함을 머금고 있으며 각각의 새로운 배경들은 진짜 역사를 지닌 것처럼 느껴진다.

문제는 이야기의 흐름이다. 어스시의 세상은 광활하지만 그 속에는 몇 안 되는 사람만 살고 있는 듯하다. 「반지의 제왕The Lord of the Rings」에서 샤이어가 모르도르를 지지했다면 프로도의 여정이 그렇게 스펙터클하지는 않았을 것이다.

젊은 왕자와 어린 소녀, 나이 든 마법사와 또 다른 늙은 마법사가 영원한 삶을 위한 탐색을 화두로 전투를 벌이지만, 그들이 아무리 얘기해도 무슨 일이, 왜 일어나고 있는지 파악하기는 어렵다. 각본은 등장인물이 흐름을 설명하게끔 하지만 안타깝게도 강력한 비주얼 언어와 상충한다. '말하지 말고 보여 주라'는 유명한 스토리텔링 비결이 있는데, 「게드 전기-어스시의 전설」은 두 가지 모두 하기로 결정한다. 줄거리가 너무 꽉 막혀 애니메이션을 즐길 수가 없다.

이야기를 차치하자면, 재밋거리와 지브리 요소가 풍성한 영화임에는 분명하다. 음식으로 보상받는 농사 장면은 「이웃집 토토로」와 「센과 치히로의 행방불명」에 나온 근면과 보상의 윤리를 떠올리게 한다. 뇌리에서 떠나지 않는 아카펠라는 「천공의 성 라퓨타」의 파즈가 연주한 트럼펫 솔로와 비슷하며 뾰족한 고딕 성이 등장하는 마지막 장소는 미야자키 하야오가 지브리 이전에 감독한 영화 「루팡 3세: 칼리오스트로의 성」과 같은 건축가가 만든 듯하다. 영화는 부친을 살해하는 장면으로 시작됐지만, 미야자키 고로는 그의 아버지의 면을 세워 주었다.

왼쪽 그림: 포옹과 화해. 미야자키 고로와 그의 아버지는 장편 데뷔작을 두고 갈등했을 순 있지만 훗날 제작하는 지브리 영화에선 힘을 모았다.
하단 그림: 테루를 잡아야 한다. 영화의 마지막 장면에서 테루는 용의 모습을 드러낸다.

벼랑 위의 포뇨
(PONYO, 2008)

바다 위의 미야자키

감독: 미야자키 하야오
각본: 미야자키 하야오
상영 시간: 1시간 41분
일본 개봉: 2008년 7월 19일

「하울의 움직이는 성」으로 미야자키 하야오는 일본 박스오피스에서 연승을 이어 갔고
다음 프로젝트는 야심 찬 전환점이 될 터였다. 프로듀서 스즈키 도시오는
미야자키가 어둡고 분열적인 「하울의 움직이는 성」의 다음 작품으로
어린아이를 대상으로 한 영화를 기획했다고 회상했다.
미야자키는 영감을 찾고 자신의 예술적 장벽의 파도를 뛰어넘기 위해 애썼으며,
그 결과 「벼랑 위의 포뇨」는 사전 제작에만 거의 2년이란 시간이 소요됐다.

스즈키에 따르면, 미야자키의 고뇌는 1988년 작 「이웃집 토토로」와 비슷한 영역으로 회귀하려는 데서 비롯됐다.

"「이웃집 토토로」는 미야자키의 경쟁자가 됐습니다. 어떤 것을 만들던 토토로를 이길 수 없었고 이것이 곧 집착을 낳았죠. 그래서 「벼랑 위의 포뇨」를 만드는 게 더 힘들었습니다."

미야자키가 '포근하고 말랑한 부드러움'을 의미한다고 표현한 '포뇨'라는 의성어 같은 이름은 2년이라는 영화의 준비 기간 동안 천천히 맞춰진 퍼즐의 한 조각일 뿐이었다. 미야자키는 한스 크리스티안 안데르센Hans Christian Andersen의 고전 동화인 《인어 공주The Little Mermaid》와 일본 남부의 세토내해 지역, 특히 조사차 여러 번 방문한 도모노우라 마을의 풍경을 보고 영감을 받았다.

영국 런던의 테이트 브리튼 갤러리Tate Britain gallery는 특히 미야자키의 관점을 극적으로 변화시켰다. 존 에버렛 밀레이경John Everett Millais의 《오필리아》와 같은 라파엘 전파의 작품을 감상하며 그는 빛의 사용과 세세함에 주목했다. "그때 깨달았죠. 애니메이션 스타일을 전과 같은 방식으로 할 수 없다고요." 그는 미니시리즈 다큐멘터리 「미야자키 하야오의 10년 10 Years with Hayao Miyazaki」에서 이처럼 말했다.

제작 스케치를 만들며 미야자키는 좀 더 부드러운 연필과 파스텔을 사용해 과거의 복잡하고 자세한 표현보다 깨끗한 선에 집중했다. 디즈니와 픽사의 3D 혁신에 맞서는 뛰어난 2D 애니메이션의 보루로 지브리는 전 세계적인 칭송을 받았지만 CG

왼쪽 그림: 소년, 물고기 소녀를 만나다. 소스케와 포뇨의 우정은 순수한 지브리표 감성의 극치를 담고 있다.
하단 그림: '햄이다!' 영화에서 인스턴트 라면은 영양 만점의 지브리 특별 요리가 된다.

효과는 미야자키의 「모노노케 히메」부터 「센과 치히로의 행방불명」, 「하울의 움직이는 성」까지 점점 스며들고 있었다. 이와 반대로 「벼랑 위의 포뇨」는 완전한 수작업이 됐다. "꿈이 없는 단순한 현실주의자는 흔하다. 우리는 공상적인 현실주의자가 되어야 한다." 미야자키는 강조했다. 미야자키는 2006년 「벼랑 위의 포뇨」의 감독 일지에 2D 애니메이션 혁명을 일으키려는 '숨은 의도'를 드러냈다. 그는 지브리의 기존 스타일을 벗어나 캐릭터 디자인의 세세함을 줄이고 애니메이션 움직임의 그림 수는 늘리는 시도를 할 계획이었다. 또한 직선을 없애고 '마법의 가능성을 보여 주는 부드럽게 구부러진 선'과 '따뜻함을 주고 관객을 자유롭게 만드는' 단순한 그림을 사용하려 했다.

강도 높고 조밀한 제작 과정은 당연한 결과였다. 완성작은 미야자키 영화 중 제일 많은 17만 수작업 프레임으로 구성됐다. 미야자키는 특히 그 자체가 캐릭터가 되길 바란 파도와 바다 장면을 비롯해 프레임의 상당 부분을 직접 그렸다.

뛰어난 비주얼로 경이로움을 주는 「벼랑 위의 포뇨」는 스튜디오 지브리의 또 다른 인기작이 됐다. 미야자키 감독의 이전

세 작품만큼은 아니었지만 2008년 일본에서 가장 높은 수익을 올렸다. 2위를 차지한 실사 로맨스 영화 「꽃보다 남자」보다 2배, 할리우드 경쟁작 「인디아나 존스: 크리스탈 해골의 왕국」보다 3배의 수익을 올렸다.

월드 디즈니 픽처스가 미국에서 「벼랑 위의 포뇨」를 배급하는 일을 인디아나 존스의 제작자인 캐슬린 케네디Kathleen Kennedy와 프랭크 마셜Frank Marshall에게 맡겼기 때문에 인디아나 존스와의 연결고리는 중요했다. 케네디와 마셜은 지브리를 잘 알았다. 내가 2012년 케네디와 인터뷰했을 때, 케네디는 자신의 아이들에게 미야자키의 영화를 보여 준다며 그를 '세상에서 가장 뛰어난 애니메이션 천재'로 표현했다. 또한, 그를 '애니메이션계의 스티븐 스필버그'로 부르며 '일본의 디즈니' 외에 새로운 별명을 추가했다.

스즈키 도시오는 그와 케네디가 오랫동안 친구로 지내 왔다고 말한다. 1990년 디즈니와 맺은 기념비적인 유통 계약 이후에도 지브리 영화는 미국 시장에서 수년간 고전했고 이에 그는 해결 방법을 모색하기 위해 케네디에게 도움을 구했다. 케

지브리의 제작 과정을 뒤흔들기로 마음먹은 미야자키 하야오는 CGI 없이 「벼랑 위의 포뇨」를 수작업으로 만들고자 다시 마음먹고 영화의 17만 프레임 중 상당 부분을 직접 해냈다.

네디와 마셜은 「E.T.」의 작가 멜리사 매티슨Melissa Mathison
에게 영문 시나리오 작업을 맡겼고 존 라세터John Lasseter
와 그의 픽사팀과 협력해 스타들이 투입된 성우 캐스팅을 구성
했다. 티나 페이Tina Fey와 리암 니슨Liam Neeson, 릴리 톰
린Lily Tomlin과 맷 데이먼Matt Damon, 케이트 블란쳇Cate
Blanchett이 더빙에 참여했으며, 두 명의 아역 스타인 프랭키
조나스Frankie Jonas와 노아 사이러스Noah Cyrus가 각각 어
린 주인공인 소스케와 포뇨의 목소리를 연기하게 된다.

　2009년 미국 전역의 927개 영화관에서 개봉된 「벼랑 위의 포
뇨」는 1,500만 달러라는 아주 대단하진 않지만 상당한 수익을
올렸다. 그 시점까지는 미국에서 최고의 성적을 낸 지브리 영
화임이 틀림없었지만 미국에 미야자키 마니아를 만들고자 한
스즈키의 꿈은 여전히 실현되지 않았다. 일본과 주요 아시아 시
장 외에서 스튜디오의 작품은 컬트적인 인기를 끌었다. 팬들의
사랑으로 세계 박스오피스를 정복하고 해리포터 시리즈나 픽
사의 「업」 수준까지 오르기는 쉽지 않아 보였다. 픽사의 「업」은
이듬해 아카데미 최우수 장편 애니메이션상을 받았는데, 「벼랑
위의 포뇨」는 후보에도 포함되지 않았다.

138-139쪽 그림: 손으로 그려 낸 화려한 스케치풍 풍경은 숙련된 배
경 디자이너인 오가 카즈오Kazuo Oga와 같은 지브리 예술가의 재능
을 보여 줬다.
상단 그림: CG를 잠시 시도해 봤던 미야자키 하야오는 「벼랑 위의 포뇨」
로 지브리의 수작업 애니메이션 방식으로 돌아간다.
왼쪽 그림: 포뇨는 바다 밖 세상을 꿈꾼다. 소스케가 포뇨와 같이 탈출한
바닷속 집을 들여다보고 있다.
오른쪽 그림: 포뇨의 배경에 영감을 준 일본의 세토내해를 항해하는 배

「벼랑 위의 포뇨」 감상 후기

「벼랑 위의 포뇨」에서는 지브리의 창조성이 해일처럼 밀려온다. 얼핏 보기에는 어린이용 영화 같지만, 애니메이터들의 헌신과 스토리텔링의 비전, 음향 속에 내포된 상상력은 말 그대로 물에서 나온 물고기 이야기보다 더 많은 것을 전달한다.

인내심 테스트 같은 과정이었겠지만 지브리의 수작업으로 이뤄진 영화는 최고의 예술적 성과를 보여 준다. 물고기 포뇨가 마법사 아빠의 잠수함에서 탈출하는 무언의 오프닝은 엄청난 힘을 가진 액션 장면으로 영화 「환타지아Fantasia」만큼 표현이 다채롭다. 모양과 색상의 실험적인 시도는 새로운 창조의 영역으로 지브리 스타일을 데려간다. 두꺼운 윤곽선과 겹겹이 쌓은 색깔로 평면적인 디자인 방식을 사용해 인물과 행동을 깨끗하고 선명히 표현한다. 배경의 언덕과 마을은 크레용으로 부드럽게 스케치되어 어린 시청자를 그들만의 세상으로 초대하는 듯하다.

인간이 바다에 어떤 악영향을 미치는지 보여 주는 쓰레기 어선으로 인해 인간 세계와 충돌한 포뇨는 소스케라는 이름의 소년을 만난다. 그리고 소스케 손가락에 묻은 피를 핥고 사람이 되기 시작한다. 안타깝게도 이는 자연의 균형을 심각하게 깨뜨려 엄청난 조수 재해를 일으키고 포뇨가 자신의 정체성을 결정해야만 멈출 수 있다. 줄거리만 보면 전형적인 동화 소재 같지만, 실제론 전혀 아니다. 마법의 세계와 비밀 장소, 토끼 굴 아래로 여행하는 일반적인 동화와 반대로 포뇨의 마법 세계는 인간 세계다. 포뇨의 시선으로 본 작은 항구 마을 소년 소스케의 삶은 공중제비를 돌 정도로 즐겁다. 이 기쁨을 배가시킬 유일한 재료는? 바로 햄이다!

포뇨는 햄을 매우 좋아한다. 햄을 좋아하는 포뇨는 최고의 지브리 식사 장면을 만들어 낸다. 소스케의 엄마인 리사는 아들과 새로운 물고기 인간 친구에게 인스턴트 라면을 만들어 준다. 면기에 담긴 라면에 끓는 물을 부은 뒤, 마치 마법사가 중요한 속임수를 감추듯 그릇을 덮는다. 아브라카다브라! 다 됐다. 채소와 계란, 햄을 올린 따뜻하고 기름기 도는 이상적인 라면. 마음에 쏙 드는 요리다. 좋아서 소리를 지르는 포뇨에게 이 평범한 요리는 진정한 마법이며 영화의 많은 관객에게도 그럴 것이다.

포뇨가 소스케와 리사의 차를 쫓기 위해 파도 위를 달리는 장면은 또 다른 즐거움을 준다. 포뇨의 발아래서, 파도는 고래 같은 생명체로 변한다. 삶을 향한 포뇨의 대단한 열정이 모든 발걸음에서 샘솟는 듯하다. 포뇨가 파도 사이를 뛰어다닐 때 나오는 '발퀴리의 기행Ride of the Valkyries'을 번안한 히사이시 조의 음악은 그 경쾌함 면에서 「이웃집 토토로」와 쌍벽을 이룬다. 영화 「지옥의 묵시록Apocalypse Now」의 헬리콥터 전투

에 나왔던 바그너의 '발퀴리의 기행'을 마치 자신의 것이라 주장하듯 포뇨의 반짝이는 행복은 부서지는 파도와 오케스트라에 대조를 이룬다.

포뇨가 인간과 물고기 사이의 존재로 많은 시간을 보내면서 자연의 불균형은 커지고 호쿠사이의 파도 그림에 필적할 만한 거대한 파도가 마을을 덮친다. 이런 혼란 속에 소스케의 엄마이자 애니메이션 사상 가장 유쾌하고 무모한 운전자인 리사는 개성 있고 활기찬 노인 여성들로 가득한 요양원에서 일하며 조류 재난에 놀라울 정도로 차분하게 맞선다. 리사는 열정적이고 사랑과 동정심이 많다. 「붉은 돼지」의 피오와 마녀 배달부 키키와 외양도 비슷하다. 어린이 영화에 등장하는 '그린치' 같은 대부분의 어른과 달리 그녀는 「대담하다. 이 영화에 나오는 많은 어른이 가진 특징이다. 포뇨와 소스케가 리사를 찾기 위해 배로 물에 잠긴 마을을 지나갈 때 행인들은 그들의 용감한 여행을 응원하며 행운을 빌어 준다. 미야자키의 영화는 젊은이에게 모험 정신을 불러일으켜 왔다. 이제 「벼랑 위의 포뇨」로 그는 나이 든 관객에게도 그런 마음을 불어넣었다.

해수면이 상승할수록 커져야 할 자연 재해에 대한 두려움은 안타깝게도 영화 속에서 표류한다. 세상의 종말도 희미하게 만들 정도로 강한 유대감을 보여 주는 포뇨와 소스케의 이야기가 있기 때문이다. 다행히도 자연의 균형은 회복되고 조류는 물러간다. 포뇨와 소스케의 귀여운 뽀뽀로 끝나는 영화의 엔딩 크레딧이 올라가며 모든 시청자는 햄을 든 포뇨처럼 행복해진다. '이제 제일 가까운 라면집이라도 찾아볼까?'라는 마음이 들 정도로.

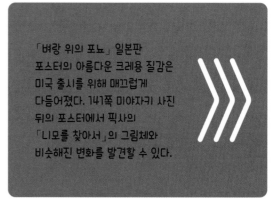

「벼랑 위의 포뇨」일본판 포스터의 아름다운 크레용 질감은 미국 출시를 위해 매끄럽게 다듬어졌다. 141쪽 미야자키 사진 뒤의 포스터에서 픽사의 「니모를 찾아서」의 그림체와 비슷해진 변화를 발견할 수 있다.

오른쪽 그림: 「벼랑 위의 포뇨」의 일본판 포스터

마루 밑 아리에티
(ARRIETTY, 2010)

요네바야시 히로마사의 비밀스러운 세계

감독: 요네바야시 히로마사
각본: 미야자키 하야오, 니와 케이코
상영 시간: 1시간 34분
일본 개봉: 2010년 7월 17일

「벼랑 위의 포뇨」가 박스오피스에서 성공을 거둔 후 미야자키 하야오는
프로듀서인 스즈키 도시오에게 그의 5개년 계획을 설명하며 감독 실무직에서 물러나고
'기획 제작자' 역할에 좀 더 신경을 쓰게 되어 젊은 감독들이 장편 영화 지휘권을 넘겨받게 됐다.
미야자키가 각본을 쓰고 그의 아들인 고로가 감독을 맡는 「코쿠리코 언덕에서」와
메리 노턴MARY NORTON의 원작인 《마루 밑의 난쟁이들THE BORROWERS》을 각색한
「마루 밑 아리에티」가 다음 프로젝트였다.

미야자키와 다카하타 이사오 모두 《마루 밑의 난쟁이들》의 각색을 몇 년 동안 생각해 왔다고 한다. 그러나 이 영화의 감독은 36살의 지브리 베테랑인 요네바야시 히로마사가 맡게 된다. '마로'라는 애칭으로 자주 불리던 요네바야시는 지브리 직원들이 따르는 멤버였으며 「센과 치히로의 행방불명」을 시작으로 미야자키의 여러 단편과 장편 영화에 원화를 담당했다. 그는 자신이 처음 그린 장면이 치히로의 아버지가 게걸스럽게 스프링롤 접시를 비우던 모습이었다고 말한다.

그러나 요네바야시가 애니메이터에서 감독으로 승진할 수 있었던 건 그의 멘토인 미야자키가 아닌 스즈키 도시오 덕분이었다. 스즈키는 요네바야시의 잠재력을 보았고 그를 "지브리 최고의 애니메이터"이지만 수동적인 감독이라고 표현했다. 미야자키와 스즈키가 감독직을 제안했을 때 요네바야시는 당황했다. 그는 연출을 한 번도 생각해 본 적이 없었기 때문이다.

미야자키 하야오처럼 독특하고 가르치기 좋아하는 감독이라기보다 자유로운 영혼의 '무대 감독' 스타일을 보여 준 요네바야시는 미야자키가 니와 케이코와 함께 쓴 각본을 바탕으로 한 「마루 밑 아리에티」와 같은 프로젝트에 딱 들어맞았다.

미야자키가 젊은 세대에 감독 역할을 넘겨주기로 한 것은 모두에게 좋은 일이다. 그러나 모두가 예상했듯, 실질적으로 그 권력을 넘기는 과정은 전혀 순조롭지 않았다. 당황스럽게도 「마루 밑 아리에티」의 DVD와 블루레이에 포함된 홍보 인터뷰에서 미야자키는 심술궂은 자세로 카메라를 바라본다. 제

왼쪽 그림: 새로운 세대의 얼굴. 「마루 밑 아리에티」로 요네바야시 히로마사는 장편 영화감독으로 데뷔했다.
하단 그림: 비록 주인공들은 작아도, 「마루 밑 아리에티」는 지브리에게 작은 규모의 작품이 아니었다.

자의 감독 데뷔작을 선전하는 자리에서 그는 불만을 토로했다. "나는 우리가 많은 인재를 배출할 거라 상상해 왔어요." 미야자키는 한 손에 담배를 들고 의견을 말하기 시작했다. "야망이 있고 아이디어가 무궁무진한 사람들 말이죠. 하지만 그러지 못했고 결국 멍 때리고 있던 마로에게 감독을 맡겼습니다." 그는 카메라가 잡히지 않는 쪽에서 스즈키가 있는 쪽으로 얄미운 미소를 보냈다. "제가 너무 솔직한가요? 마로는 좋은 사람이지만 그것만으로 좋은 영화를 만들 순 없죠. 좋게 포장할 필요는 없습니다. 보시다시피 마로는 대중을 상대하기에 적합하지 않습니다. 그가 횡설수설하게 놔두기보다 베일 속에 가려두는 게 낫죠."

경쟁은 좋은 화젯거리가 되고 스즈키가 박스오피스 흥행을 부추기려 약간의 세대 간 긴장을 선동하는 걸 수도 있지만 요네바야시와 관련된 인터뷰는 상처를 남겼다. 요네바야시는 지브리에서 일을 시작하고 세계적인 명성을 가진 미야자키에 매료됐던 걸 회상했다. 그로부터 계획에 없던 전화를 받고 눈물이 날 정도로 혹독한 말을 듣기 전까지 말이다. "미야자키의 말은 마음 깊은 곳에 상처를 내기도 합니다."

이러한 우스꽝스러운 상황이 효과가 있었는지 모르지만 「마루 밑 아리에티」는 2010년 박스오피스에서 좋은 성적을 거두

었다. 그러나 미야자키가 직접 만든 작품의 흥행 수준에는 도달하지 못했다. 영화는 연말 차트에서 팀 버튼의 「이상한 나라의 앨리스」, 공교롭게 토토로가 카메오로 출연한 픽사의 「토이스토리 3」에 이어 일본에서 세 번째로 높은 수익을 올린 영화가 됐다. 그러나 요네바야시의 데뷔작이 멘토의 작품보다 훨씬 큰 성공을 거둔 건 미국에서였다. 「아리에티의 비밀 세계The Secret World of Arrietty」라는 새로운 제목을 붙이고 디즈니가 지브리에는 전례 없는 1,500개의 영화관에 배급하면서 영화는 2천만 달러에 조금 못 미치는 수익을 올렸다. 디즈니와 픽사 같은 회사에는 푼돈 정도였겠지만 지브리 작품 중 미국에서 가장 높은 수익을 올린 영화는 현재까지도 「마루 밑 아리에티」이다. 「바람이 분다」를 제외하고 이후 개봉하는 모든 지브리 영화들은 애니메이션 주력 배급사인 GKIDS를 통해 소규모로 미국에서 개봉된다. GKIDS는 블록버스터를 만드는 데는 큰 관심이 없지만, 일본 애니메이션과 세계 영화, 예술 영화계에서 스튜디오 지브리가 가진 명성에 더 잘 맞는 회사였다.

상단 그림: 거인의 어깨 위에서. 아리에티와 감독 요네바야시 히로마사는 이전의 큰 인물들이 호령했던 세상을 헤쳐 나가야 한다.
왼쪽 그림: 「마루 밑 아리에티」의 일본판 포스터

「마루 밑 아리에티」감상 후기

「마루 밑 아리에티」는 보는 시각에 따라 의미가 다르다. 위대한 지브리 도서관에 꽂힌 소박한 작품으로 볼 수도 있지만, 해외 시장에서 가장 성공한 영화로 평가할 수도 있으며 이는 결코 미미한 성과가 아니다. 스튜디오의 과거 작품이 가져온 친숙함에 안주하는 것처럼 보일 수도 있지만 발전하는 애니메이션 기술에 초점을 맞출 수도 있다. 있다. 아리에티처럼 거대하고 새로운 세상에 던져진 젊은 감독 요네바야시 히로마사는 비유적으로든 문자 그대로든 새로운 관점을 다뤄야 했다.

영화는 잘 다져진 지브리 감성에서 시작한다. 밝은 파란 하늘과 나무들이 펼쳐진다. 이곳에서 우리는 「이웃집 토토로」나 「추억은 방울방울」, 요네바야시의 다음 장편 영화인 「추억의 마니」처럼 시골로 휴식을 취하러 온 인물을 만난다. 그리고 그곳엔 언제나 모험심 가득한 고양이도 존재한다. 영화 초반만 봐도 어떤 스튜디오의 작품인지 분명해 보인다. 하지만 차이점도 많다.

요네바야시는 애니메이션이 아닌 카메라 캡처 이미지에 전통적으로 사용되어 온 시각 기술을 포함해 다카하타 이사오의 다큐멘터리의 시선에서 영감을 받은 것으로 보이는 실사 수준의 영상을 보여 준다. 동작 범위에 초점을 맞춘 얕은 피사계 심도는 아리에티와 주변 사물 간의 차이를 강조하며 그녀의 작은 세계와 새로 집에 들어온 소년인 쇼우의 크기 차이를 더 극명히 보여 준다. 영화 후반에는 돌리줌Dolly Zoom 기법도 등장한다. 영화 「죠스」에 가장 대표적으로 사용된 기술로, 이미지의 전경과 배경이 서로 왜곡되고 멀어지면서 공포를 표현하는 데 효과적이다. 소리를 통해서도 영화는 소인과 인간의 크기 차이를 표현한다. 아리에티의 세계에서는 플러그 소켓을 통해 들어온 공기가 덜그럭거리는 바람이 되고 부엌에 울리는 시계의 공명이 거대한 산의 분노처럼 느껴진다.

지브리의 팔레트에서 한 걸음 더 나아간 빛과 색의 감각은 감독의 미래를 보여 주는 듯하다. 부드러운 빛이 영화를 통과하고 더 차분하고 얼룩덜룩한 수채화 느낌이 배경을 덮는다. 이렇게 절제되고 흐린 느낌은 요네바야시의 다음 작품인 「추억의 마니」에서 더욱 아름답게 구현된다. 또 다른 창의적인 요소를 꼽자면 용기 있는 '스필러'라는 캐릭터다. 스필러는 요네바야시가 추후 '스튜디오 포녹'에서 만들게 되는 단편 영화 「카니니와 카니노」의 작은 생명체들과 DNA를 공유하는 듯하다.

축소 스케일에 너무 신경을 쓴 탓인지 극적인 요소는 부족하지만 아리에티가 인간세상의 근 소품들과 함께힐 때 가장 재미가 더해진다. 가정부 하루는 '빌리는 소인'의 비밀스러운 존재를 밝히기 위해 무슨 짓이든 할 악당으로 그려지지만, 행동이 변덕스럽고 동기도 분명하지 않다. 악당 없는 이야기를 그리는 지브리의 일반적인 접근 방식을 생각할 때 하루의 존재는 뜻밖이고 결국 실망을 준다. 그런 오점에도 「마루 밑 아리에티」의 소인 세계 모험은 스튜디오 지브리 역사의 큰 부분을 차지하며 일상의 마법을 찾는 지브리 정신을 따른다. 단지 어떻게 보느냐에 달려 있다.

오른쪽 그림: 말하지 마, 쇼우. 인간과 '빌리는 소인' 사이에 우정이 형성된다.
왼쪽 그림: 「마루 밑 아리에티」에는 지브리답지 않은 적대적이고 무서운 고양이 악당이 등장한다.

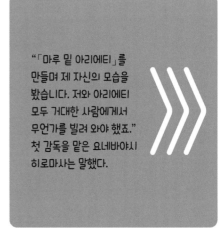

"「마루 밑 아리에티」를 만들며 제 자신의 모습을 봤습니다. 저와 아리에티 모두 거대한 사람에게서 무언가를 빌려 와야 했죠." 첫 감독을 맡은 요네바야시 히로마사는 말했다.

코쿠리코 언덕에서
(FROM UP ON POPPY HILL, 2011)

미야자키와 아들

감독: 미야자키 고로
각본: 미야자키 하야오, 니와 케이코
상영 시간: 1시간 31분
일본 개봉: 2011년 7월 16일

미야자키 하야오의 5개년 제작 계획의 두 번째 작품은 스타일적으로 대조를 이룬다.
「마루 밑 아리에티」가 지브리의 친숙한 구조를 따른 환상적인 모험 이야기라면
「코쿠리코 언덕에서」는 1980년 초반 사야마 테츠오TETSUO SAYAMA와
타카하시 치즈루CHIZURU TAKAHASHI가 발표한 소녀 만화를 참고해서 만든 가슴 저린 드라마다.
미야자키는 「코쿠리코 언덕에서」의 각색을 이미 고려했었지만, 소녀 만화라는 서브 장르의
감정 영역을 극장용 애니메이션에 효과적으로 옮길 수 있을지 확신하지 못했다.

1995년 작 「귀를 기울이면」은 1960년대 배경의 소녀 만화가 통한다는 걸 보여 줬지만, 원작 만화가 깊은 향수를 불러일으킨다는 점을 확신하고 나서야 「코쿠리코 언덕에서」는 제작에 들어갔다. 이 영화의 감독은 미야자키 고로에게 맡겨진다. 아버지의 어떤 간섭이나 조언 없이 만든 「게드 전기-어스시의 전설」로 논란이 된 데뷔를 한 고로는 아버지가 기획하고 계획하고 공동 집필한 작품을 차기작으로 선택한다. 「마루 밑 아리에티」와 마찬가지로 니와 케이코가 미야자키 하야오와 같이 각본을 쓰며 그의 불완전한 아이디어를 실현 가능한 형식으로 바꿨다. "대부분의 시나리오 작가들은 이성을 잃었을 겁니다." 스즈키 도시오는 말한다. "하지만 니와 케이코는 그걸 흥미롭게 받아들였어요. 그녀는 천재의 사고 과정을 매우 재밌게 생각하고 같이 일하는 걸 즐겼어요. 미야 씨에게 완벽한 파트너였죠."

2010년 12월 기자 간담회에서 지브리는 차기 장편 영화인 「코쿠리코 언덕에서」를 세상에 알린다. 예정된 개봉일은 2011년 7월이었다. 하지만 2011년 3월 동일본 대지진과 후쿠시마 발전소 원전 사고가 일어나면서 계획에 차질이 생긴다. 일본 사회 전체가 재해로 뒤흔들렸지만, 미야자키 하야오는 기자 회견에서 예정된 날짜에 「코쿠리코 언덕에서」를 공개할 것이라고 약속한다. "우체부는 편지를 나르고, 버스 기사도 다시 운전대를 잡습니다. 그리고 우리는 영화를 만들죠." 그 기한을 맞추

상단 그림: 「귀를 기울이면」을 연상시키는 자전거를 함께 타고 가는 어린 연인들의 모습은 이 영화의 가장 고요하고 애처로운 장면이다.
왼쪽 그림: 크로켓. 1960년대를 배경으로 하는 영화는 대중음악부터 위안을 주는 음식까지 추억에 젖게 하는 문화적 요소로 가득하다.

「코쿠리코 언덕에서」의 하숙집은 「센과 치히로의 행방불명」의 마법 같은 온천과
애니메이션 스튜디오의 부산하고 창조적인 환경을 떠올리게 한다.

기 위해 지브리의 직원들은 2교대 근무를 하고 잦은 정전을 피해 가며 기간 내 작품을 완성하기 위해 전력을 다했다. 결국 영화는 계획된 일정대로 개봉했다. 「코쿠리코 언덕에서」는 「게드전기—어스시의 전설」보다 더 좋은 평가를 받으며 일본 아카데미 시상식에서 최우수 애니메이션상을 받기도 한다. 하지만 그 해 일본 박스오피스에서 가장 높은 수익을 낸 일본 영화였음에도 실제로 번 금액은 1년 전 개봉한 「마루 밑 아리에티」의 절반에도 못 미쳤다. 그래도 스즈키는 성공한 영화라고 생각했다. 연초에 일어난 재난으로 전반적으로 영화를 볼 분위기가 아니었고, 지브리가 기존의 관행을 깨뜨리며 '위험을 감수한 시도'를 했기 때문이다.

그러나 물론 가장 중요한 점은 미야자키 하야오가 인정했다는 것이었다. 「코쿠리코 언덕에서」의 블루레이 버전에 포함된 사내 시사회 장면에서 미야자키는 "이게 지브리의 진정한 힘"이라며 기한 내에 영화를 완성한 직원들을 칭찬했다. 그 후 몇

가지 혹독한 의견을 냈지만 말이다. "이 작품은 좋은 부분도 있고 그렇지 않은 부분도 있어요. 작업이 미숙해서입니다." 미야자키는 영화의 배경과 아트 스타일, 인물의 움직임을 표현한 애니메이션과 타이밍을 지적했다. "이런 기술적인 오류를 범한 게 애니메이터인지 감독인지는 모르겠지만 이건 매우 기본적인 것에 관한 실수입니다." 그의 시선은 불가피하게 미야자키 고로를 향했다.

상단 그림: 「코쿠리코 언덕에서」 속 인물들이 함께 식사한다. 지브리 레스토랑에 새로운 메뉴가 또 추가됐다.

「코쿠리코 언덕에서」 감상 후기

「코쿠리코 언덕에서」는 결점도 있지만, 굉장한 열정으로 만들어진 소박하고 기분 좋은 영화이다. 아버지인 미야자키 하야오의 의견이 어떻든 미야자키 고로의 두 번째 영화는 성공이었다. 시각과 음향 연출의 세심함이 돋보이고 애정이 느껴진다. 서사적인 부분이 약해도 고로는 그에게 주어진 각본을 연출해야 했다. 로맨스를 꽃피우고 동아리 건물의 철거도 막아야 하는 10대들의 이야기는 지브리가 만든 전작들의 장엄한 스케일이나 익숙한 판타지와는 거리가 멀다. 그러나 「코쿠리코 언덕에서」의 소소한 마법은 관객들에게 충분한 기쁨을 선사했다.

「코쿠리코 언덕에서」는 지브리의 숙련된 거장이 만든 이야기를 새로운 세대의 감독이 실현시킨, 서로 다른 시대의 감성이 섞인 영화이다. 그러한 특징은 영화 안에서도 찾을 수 있다. 영화의 배경은 일본이 서구 문화를 적극적으로 받아들이던 과도기인 쇼와 시대(1926~1989)이다. 등장인물들이 조니 워커 위스키를 마시는 모습도 등장한다. 코쿠리코 언덕의 주민들과 그 주변 마을은 향수를 불러일으킴과 동시에 진보적이기도 하다. 이야기의 중심에 있는 학생들은 엄청나게 열정적이며 이전 세대의 창의적 연구 활동의 중심이었던 동아리 건물을 구하느라 애쓴다. 동아리 건물의 높이 솟은 붉은 벽과 미로같이 복잡한 계단은 「센과 치히로의 행방불명」속 온천의 녹슨 버전처럼 무너지기 직전이다. 치히로의 청소 장면과 비슷하게 학생들은 동아리 건물을 즐겁게 정비하고, 학생들의 용기와 노력으로 건물은 예전의 영광을 되찾는다. 지브리의 과도기에 대한 미야자키 하야오의 걱정과 목표가 각본에 스며든 느낌이다.

로맨스에 치중된 영화의 후반부는 「귀를 기울이면」의 낭만적인 자전거 장면을 넘보려 하지만 실패한다. 매력적이면서도 서툰 10대인 우미와 슌의 작은 로맨스는 복잡하고 예상치 못한 변화구를 만나 중단된다. 막 피어나는 로맨스에 갑자기 그들이 남매 관계일 수도 있다는 위험 요소가 끼어든다. 소녀 만화의 흔한 특징일 수 있지만, 이야기의 전환으로 영화는 불안정한 속도로 변하고 훌륭하고 부드러운 영화 전반부의 리듬과 어긋나 버린다.

논란은 덜했지만 대담했던 또 다른 선택은 지브리 사운드트랙 중 가장 에너지 넘치는 음악을 사용한 점이다. 열정적인 10대의 이야기에 어울리는 사카모토 큐Kyu Sakamoto의 팝 록 장르 곡 '스키야키'는 우리를 단숨에 1960년대 초로 데리고 가 태평양을 아우르는 문화의 조합을 보여 준다. 이 곡은 일본에서도 히트했지만, 미국 빌보드 차트에서 1위를 한 첫 비서구권 노래이기도 했다. 더욱 빛나는 건 다케베 사토시가 만든 음악이다. 황홀하고 부드러운 재즈 선율은 로맨스를 돋보이게 하고 동

아리 건물이 등장할 때는 풋풋한 사랑 이야기보다는 탐정 영화에나 어울릴 만한 대담한 금관 악기 선율이 들어간 관현악곡이 나온다. 이는 작품에 독특한 느낌을 부여했다.

매우 세심한 설정과 입맛을 다시게 하는 음식, 지브리의 모험심이 모두 이 영화에 들어 있다. 「게드 전기—어스시의 전설」로 파란만장한 과정과 평판을 겪은 미야자키 고로가 이 영화로 아버지의 그림자에서 완전히 벗어났다고 하긴 어렵지만, 더는 그 그림자가 커 보이진 않는다. 여전히 결점은 남아 있지만, 미야자키 고로에게서 후계자로서의 기지가 엿보였다.

감독 노트에서 미야자키 고로는 「코쿠리코 언덕에서」를 만들며 영화 제작자로 완전히 몰두했다고 말한다. "아버지의 대본에 지고 싶지 않았습니다. 어릴 때는 애니메이션을 만드는 게 꿈이었죠. 하지만 조금 나이가 들고 그곳에 앞서가 있는 아버지를 보며 꿈을 접고 마음속 깊은 곳에 묻어 두었습니다. 그 시절을 탓하고 싶지만 겁쟁이였던 건 내 자신이었습니다."

하단 그림: 우미와 동년배들이 20세기 일본의 미래를 기대하는 만큼 「코쿠리코 언덕에서」로 인해 지브리 제작소에 세대 교체가 일어나는 것을 보게 된다.

바람이 분다
(THE WIND RISES, 2013)

아름답지만 저주받은 꿈

감독: 미야자키 하야오
각본: 미야자키 하야오
상영 시간: 2시간 6분
일본 개봉: 2013년 7월 20일

지브리의 젊은 감독들이 만든 「마루 밑 아리에티」와 「코쿠리코 언덕에서」에 이어
미야자키 하야오의 새로운 영화가 스튜디오 5개년 계획의 정점을 찍는다.
미야자키는 원래 「벼랑 위의 포뇨」의 속편이나 적어도 그와 비슷한 느낌의 영화를 만들까 했었다.
그러나 프로듀서 스즈키 도시오는 생각이 달랐다.

"35년 동안 그의 곁에서 일하며 항상 생각해 온 한 가지가 있었습니다." 스즈키는 《스튜디오 지브리의 현장 스토리》에서 미야자키 영화의 중심을 이룬 이분법을 언급한다.

"그는 전쟁 문제에 지식이 깊었고 전투기와 탱크 그리기를 좋아했습니다. 반면에 세계 평화의 열렬한 옹호자로 반전 시위에도 참여한 적이 있죠. 그런 모순을 해소하는 영화를 감독해 보면 좋겠다고 생각했습니다."

「벼랑 위의 포뇨」를 만든 후 미야자키는 프로젝트 사이에 그가 제일 좋아하는 취미인 《모델 그래픽스》 잡지에 실릴 만화와 삽화 에세이를 다시 그리기 시작했다. 그는 제2차 세계 대전에서 일본 해군이 사용한 제로 전투기의 설계 엔지니어 호리코시 지로Jiro Horikoshi의 이야기를 기고했다. 이전의 「붉은 돼지」와 마찬가지로 이 시리즈는 그의 차기작인 「바람이 분다」의 출발점이 된다.

2010년부터 스즈키는 그 만화를 영화로 만들자고 설득했지만, 미야자키는 주저했다. 그는 이제 자신의 손자를 즐겁게 해 줄 만한 어린이용 애니메이션을 만들고 싶어 했다. 그러나 2011년 1월 즈음 생각을 바꿨고 지브리 작품 목록에서 특별한 영화가 될 프로젝트의 야심 찬 계획을 담은 기획 제안서를 발표한다. 새로운 영화는 샘솟는 창의력으로 전력을 다하는 천재의 전기적 요소가 가미된 역사적인 멜로드라마다. "현실과 판타지 요소가 있으면서 때로는 만화적인 면도 있는, 아름다운 영화를 만들고 싶습니다." 미야자키는 이렇게 적었다.

"꿈을 이루기 위해 헌신하는 인물의 모습을 그려 보고 싶었습니다. 꿈이란 건 광기의 요소도 갖고 있죠. 그런 부분을 숨겨선 안 됩니다. 너무 아름다운 것을 갈망하다 자신을 망칠 수도 있습니다. 꿈의 아름다운 쪽만 보다가 대가를 치르게 되죠."

「바람이 분다」는 단순한 전기 영화가 아니다. 영화의 제목은 결핵으로 아내를 잃은 경험을 소설로 쓴 작가 호리 타츠오Tatsuo Hori의 소설에서 가져왔다. 미야자키는 작가 호리의 인생을 호리코시의 이야기에 녹여 사실과 허구를 섞어 불운했던

왼쪽 그림: 비행을 꿈꾸는 지로. 젊은 엔지니어 지망생 지로는 자신의 비행기를 조종하는 꿈을 꾼다.
하단 그림: 개인 책상에 앉아 설계도를 그리는 디자이너들. 지브리 애니메이터들은 「바람이 분다」 속 비행기 디자이너들과 같은 처지였을 것이다.

1930년대 시대의 사람들을 묘사하고자 했다. '불황과 실업, 쾌락주의와 허무주의, 전쟁과 질병, 그리고 가난, 모더니즘과 반동, 몰락하고 비틀거리는 일본 제국의 파멸을 향한 행진의 시대'에서 그들은 고통을 겪었다.

「바람이 분다」의 제작 과정은 스나다 마미Mami Sunada의 훌륭한 장편 다큐멘터리인 「꿈과 광기의 왕국The Kingdom of Dreams and Madness」에서 매우 자세하게 다뤄진다. 이를 보면 감독에게 가장 개인적이고 급진적인 영화에 의심과 딜레마가 쌓이면서 미야자키가 '지옥 같은' 제작이라고 부를 만큼 고통을 겪었다는 걸 알 수 있다. 결과적으로 그가 지금까지 해 온 작업의 많은 부분을 재해석하고 엄청난 기교가 섞인 복잡하면서도 실험적인 영화가 탄생했다. 영화는 「귀를 기울이면」과 같이 일상적인 장면에 지브리 마법을 불어넣어 더 깊은 진실성을 보여 준다. 또한 항공기 날개의 접시머리 리벳부터 곡선의 정확한 기울기 표현까지 기술과 역사, 관찰의 세심함을 살리며 다카하타 이사오의 체계적이고 '완벽한 조사'를 떠오르게 한다.

옛 동료들도 다시 합류한다. 지브리를 세계에 알리는 역할을 했던 '외국인 임원' 스티브 알퍼트는 다시 돌아와 영화의 신비스러운 캐릭터인 카스트로프에 그의 외모와 목소리를 빌려 준다. 그 후 영화 개봉을 불과 몇 달 앞두고 미야자키는 내성적이면서도 금욕적인 성격의 지로 역할 성우를 선택하기 위해 고심하다 뜻밖의 후보를 떠올렸다. 바로 한때 미야자키의 제자이자 「신세기 에반게리온」을 만든 안노 히데아키Hideaki Anno였다. 「바람계곡의 나우시카」에 참여하고 싶어 미야자키의 사무실을 배회하던 젊은 안노는 거의 30년이 지난 후 그와 같이 일하게 된다.

2013년 7월 20일로 예정된 개봉일은 특별한 반향을 불러일으켰다. 「이웃집 토토로」가 개봉한 지 25년 후, 「바람이 분다」는 일본 극장에서 개봉된다. 원래는 다카하타 이사오의 새 영화 「가구야 공주 이야기」도 「바람이 분다」와 함께 개봉할 예정이었다. 두 감독의 경력이 종착역에 다다른 만큼 스튜디오는

상단 그림: 진정한 괴짜처럼 세세한 부분까지 신경 쓴 「바람이 분다」는 엔지니어링 요소에 미야자키 마법을 불어넣는 데 성공했다.
오른쪽 그림: 「바람이 분다」의 일본판 포스터

1988년 「이웃집 토토로」와 「반딧불이의 묘」의 동시 상영을 재현하고자 했다. 스즈키 도시오에 따르면, 미야자키에겐 그의 오랜 멘토와 짝을 이뤄 영화를 제작한 것이 자극제가 되었지만 다카하타가 언제나처럼 그만의 속도로 진행하다 예정일을 놓쳐 결국 「바람이 분다」 먼저 상영하게 되었다.

심각하고 무거운 소재는 흥행이 힘들다는 의심은 기우였다는 것이 증명됐다. 「바람이 분다」는 일본 박스오피스에서 가뿐하게 2013년 연말 차트 1위를 차지했고 역대 가장 높은 수익을 올린 일본 영화 중 하나로 꼽히게 됐다. 해외에서는 베니스 국제 영화제 경쟁 부문에 상영된 후 전 세계에 개봉되고 아카데미상 후보에 오르며 명성을 얻었다. 그러나 영화와 관련해 복잡하고 갈등이 섞인 정치적 요소가 이슈화되며 작품이 가려지기도 했다.

또한, 영화보다 더 관심을 받은 것은 미야자키 그 자신이었다. 2013년 9월 4일, 베니스 국제 영화제 상영 하루 전날, 그는 다른 프로젝트에 집중하기 위해 장편 영화 제작에서 은퇴한다고 발표했고 이번에는 정말 진심인 듯했다. "집과 스튜디오를 오가며 운전하고 통근할 수 있는 한은 계속 일하고 싶습니다. 「바람이 분다」를 완성하기까지 5년이 걸렸습니다. 다음 영화를 완성하기 위해 6년, 아니 7년이란 시간을 쓸 수 있을까요? 스튜디오는 기다릴 수 없을 거고 저 역시 70대를 온통 일하는 데 써 버리겠죠." 그는 이렇게 말했다.

「모노노케 히메」는 미야자키 경력에 정점을 찍은 작품으로 한때 홍보됐지만 그의 마지막 걸작으로 꼽힐 만한 작품은 역시 「바람이 분다」이다. 이 작품에서 미야자키는 새로운 스타일과 의미를 표현하기 위해 일생을 바쳐 습득한 기술과 경험을 쏟아부었다. 스태프 시사회에서 완성작을 감상한 미야자키의 눈에는 눈물이 고였다. 이는 안노 히데아키에게 즐거움을 주기도 했는데 그는 이 사실을 기자 간담회에서 언급해 그의 오래된 멘토를 당황시키며 즐거워했다.

미야자키는 「바람이 분다」로 스튜디오 지브리를 향한 세간의 기대를 뒤엎을 개인적이고 심오한 작품을 완성했다. 그의 도전은 다시 성공을 거둔다. 이제 그는 자신의 은퇴 성명서에 쓴 것처럼 '자유로운 몸'이 됐다.

160-161쪽 그림: 아름답지만 저주받은 꿈. 장엄한 상상이 가득한 지로의 꿈은 영화의 가장 멋진 장면들을 연출한다.
왼쪽 그림: 「바람이 분다」의 영미판 포스터
하단 그림: 지오바니 카프로니의 등장은 그의 뛰어난 항공기 설계 작업뿐 아니라 특히 '기블리 Ghibli'로 알려진 '카프로니 Ca.309' 비행기로 인해 큰 의미를 지닌다.

「바람이 분다」 감상 후기

「바람이 분다」는 숲의 정령이나 마녀, 움직이는 성이 등장하진 않지만 그래도 절대적인 미야자키 하야오의 영화이다. 이 허구적인 전기 영화는 비행기 설계사인 호리코시 지로와 작가 호리 타츠오의 삶에서 영감을 받았지만, 비행정 그리기에 끊임없이 몰두하고 그 열정을 지브리의 작품에 뿌려 온 미야자키 자신의 이야기이기도 하다.

20세기 초를 주 배경으로 하면서 가끔은 꿈의 영역으로 상상의 여행이 펼쳐지는 이 작품은 영화사상 가장 멋진 판타지 장인이 현실에서 일하는 모습을 보는 특별한 즐거움을 준다. 호리코시 지로와 호리 타츠오가 합쳐진 캐릭터인 주인공 지로는 자신의 비행기 설계 작업에 몰두하고 헌신한다. 미야자키와 관심사뿐 아니라 작업에 열중하는 자세도 비슷하다. 미야자키는 세세한 부분에도 굉장한 관심을 기울였고 오랜 시간 혹독하게 작업하며 그의 직업을 위해 가족과의 시간을 희생했다. 영화 속 지로가 비행기를 설계할 때 그의 책상은 하늘을 날아다니고, 몰두한 그의 주변을 종이가 에워싼다. 미야자키가 창의력을 발휘해 비행기를 그릴 때 위대한 애니메이터의 아이디어를 담은 종잇조각들이 여기저기 흩어져 있는 모습과도 같다.

지로의 캐릭터에 미야자키가 반영됐을 수 있지만, 지로의 작업이 화면에 표현되는 방식은 다카하타 이사오의 교본에서 따온 듯하다. 다카하타의 마지막 작품인 「가구야 공주 이야기」에서도 분명히 느껴지는 창의적인 반전이다. 「폼포코 너구리 대작전」에 나오는 도쿄 서부 교외의 도시 개발 장면이든 「추억은 방울방울」의 홍화 수확 장면이든 다카하타의 작품에는 기교와 자연을 표현하는 리듬과 세세한 요소가 들어 있다. 「바람이 분다」에서 미야자키는 이런 멘토의 수필적인 감성을 비행기 설계에 접목하며 영감을 받은 것으로 보인다. 고등어 뼈 모양에 대한 끊임없는 집착은 지로가 비행기 설계에 그 모양을 사용할

수 있을 때까지 상상력을 사로잡는다. 이런 장면은 자연과 전쟁 세계를 연결하고, 작업 과정에 대한 다카하타식의 강조를 통해 모순된 열정을 모두 다루고자 하는 미야자키의 욕구를 충족시킨다. 비행기 몸체에 접시머리 리벳을 설치할 때의 공기 역학상 이점을 열정을 다해 논의하는 장면은 지로와 미야자키, 그리고 다카하타의 시선을 이어 주는 지점이다.

단순한 눈요깃거리로 여겨질 수도 있는 비행기 제작의 자세한 묘사는 지로의 개인적이고 철학적인 이상을 망치는 집착을 보여 주며 그의 지식과 열정을 부각시키는 중요한 장면이다. 철저한 현실 고증을 이어 가던 영화는 지로가 콧수염 난 이탈리아 비행기 디자이너 카프로니와 함께 수려한 하늘과 환상적인 비행기, 삶을 고찰하는 꿈의 세계로 여행하며 템포를 달리한다. 미야자키에게는 놀랍게도 실험적인 시도다. 지로와 마찬가지로 카프로니는 '기블리Ghibli'로도 알려진 '카프로니 Ca.309' 비행기를 제작한 실제 인물에서 착안했다. 두 사람은 그들의 직업이 가진 모순되는 가치에 대해 논의하며 대화를 나눈다. 그 일이 가진 군사화와 파괴력과 함께 아름다움과 복잡함 사이에서 고뇌하며 카프로니는 비행기를 '아름다우면서도 저주받은 꿈'이라고 말한다. 영화의 한 부분에서 지로는 야심 찬 그의 비행기 설계에서 총을 버리면 무게 문제의 균형을 맞출 수 있다고 한다. 지로가 미야자키의 아바타라고 생각해 보면 이런 대화는 애니메이션계에서 그의 작품에 대한 고찰과 더불어 지브리란 명칭의 창시자와 가장 유망한 후계자 간의 대화로 해석될 수도 있다. 애니메이션은 총을 발사하진 않았을지 모르지만, 확실히 미야자키의 인생을 지배했으며 여기서 그 문제를 제기하는 듯하다.

비록 지로의 집착이 초래한 결과를 추궁하는 듯하지만, 호리코시 지로보다 호리 타츠오의 이야기에서 영감을 받은 나오코

라는 로맨틱한 인물은 불행히도 지로의 개인적 삶의 이야기를 끌어낼 만큼 발전하지 못한다. 스크린을 뒤덮어 돌진하는 파괴의 진동과 엄청난 화염의 소용돌이로 가득한 관동 대지진이 그들이 로맨틱하게 조우하는 극적인 배경이 된다. 지로는 다친 나오코를 안전한 곳으로 피신시킨 후 사라진다. 몇 년 후 그들은 지로가 시범 비행에 실패한 후 휴식을 취하고 있는 산속 리조트에서 재회하는데, 나오코는 결핵에 걸려 요양 중이다. 곡예하는 종이비행기를 즐겁게 주고받으며 그들은 순수한 즐거움을 나눈다. 하지만 그 뒤로도 나오코는 별다른 인물의 특성을 부여받지 못한다. 지로가 아픈 나오코의 손을 잡고 일하는 힘든 사랑의 장면은 아름다워 보이지만 감정적으론 거리감을 느끼게 한다. 아이러니하게도 우리에게 그토록 힘차고 독립적인

여성 캐릭터를 보여 온 미야자키는 나오코를 실망스러울 정도로 수동적인 뮤즈로 격하시켰다.

영화의 마지막에, 지로와 카프로니는 지로가 설계한 걸작이자 전쟁의 적나라함을 보여 주는 미쓰비시 제로 함대가 천상의 호위 속에 다른 많은 비행기에 합류하며 하늘로 올라가는 것을 지켜본다. 천상의 비행경로는 미야자키가 「붉은 돼지」에서도 사용한 이미지로 그 아름다움은 여전히 강력하지만, 이 영화에서는 메시지가 흐리다. 지로의 행동을 심판하기는 쉽지 않다. 그가 할 수 있는 최선은 나오코의 환상이 전하듯 '살아가는 것'이다.

「마녀 배달부 키키」의 어린 마녀 키키가 독립적인 생활을 시작하며 하늘로 의기양양하게 날아갈 때 그녀의 라디오에서는 아라이 유미Yumi Arai의 노래가 흘러나온다. 「바람이 분다」의 크레딧이 올라갈 때 미야자키는 다시 아라이 유미의 '비행기 구름Vapour Trail'이라는 슬픈 느낌의 노래를 택한다. 이 두 장면은 천진난만하게 이륙해 현실로 착륙하는, 비행기에 집착한 꿈의 시작과 끝을 대변하며 우리가 그의 인생을 되돌아볼 수 있게 비행기 구름을 남겨 둔다.

상단 그림: 지로의 아내 나오코는 영화의 마지막 대사를 외치는데, 미야자키는 제작이 끝나 갈 무렵 '오세요'에서 '살아가세요'로 대사를 바꿨다. 이로써 영화의 마지막 장면은 사후 세계에서의 비극적인 재회에서 힘든 시간을 견뎌 내라는 외침으로 변모했다.
왼쪽 그림: 미야자키는 지로의 비행기를 소들이 끄는 장면을 보여 주며 자연과 비행기에 대한 애정을 나타냈다.

가구야 공주 이야기
(THE TALE OF THE PRINCESS KAGUYA, 2013)

물레바퀴가 돌아간다

감독: 다카하타 이사오
각본: 다카하타 이사오, 사카구치 리코
상영 시간: 2시간 17분
일본 개봉: 2013년 11월 23일

규정하기 힘들고 주저거리는 지브리의 천재, 다카하타 이사오가 1999년 작
「이웃집 야마다 군」의 후속 작품을 내는 데는 14년이 걸렸다. 「이웃집 야마다 군」으로
다카하타는 상업 영화에서 이미 좀 더 실험적인 영화 쪽으로 커리어의 방향을 틀었다.
위대한 감독은 이제 마감이나 예산, 박스오피스 성적을 별로 신경 쓰지 않았다.
그에게 비전을 뒷받침할 후원자가 있다는 건 행운이었다.

닛폰 TV의 회장인 우지이에 세이이치로Seiichiro Ujiie는 스튜디오 지브리의 오랜 후원자로 「바다가 들린다」부터 많은 작품의 제작자로 이름을 올렸다. 그는 도쿄 현대 미술관의 관장으로도 일하면서 지브리 관련 전시회를 진행하고 지브리 미술관의 설립을 지원했다. 그러나 무엇보다 그는 영화 제작에 필요한 재정적인 지원을 약속할 정도로 다카하타의 열렬한 팬이었다.

다카하타는 여유를 가졌다. 스즈키 도시오가 사무라이 이야기인 《헤이케 이야기The Tale of the Heike》의 각색이 진행 중이라고 말했지만, 다카하타가 원했던 애니메이션 감독인 타나베 오사무가 폭력적인 장면이 난무하는 프로젝트는 맡고 싶지 않다고 하자 없던 일이 됐다. 대신 다카하타는 1960년대 초반 그가 도에이 애니메이션에서 일할 때 상사에게 처음 제안했던 프로젝트를 생각해 냈다. 10세기 전래 동화인 《다케토리 이야기The Tale of the Bamboo Cutter》를 각색한 작품이었다.

프로젝트는 2005년에 천천히 시작됐다. 오랫동안 제작자로

상단 그림: 수채화 질감과 연필 스케치의 미학을 담은 「가구야 공주 이야기」는 이전의 지브리 작품들과는 다르다.
왼쪽 그림: 구슬픈 영화 속의 즐거운 순간. 가구야 공주가 분홍 벚꽃 사이에서 춤을 춘다.

일해 온 스즈키는 '기획'에서 물러나 젊은 조수였던 키시모토 타쿠Taku Kishimoto에게 그 역할을 넘겼다. 스즈키가 '나요'라는 별명으로 부르던 키시모토는 「게드 전기—어스시의 전설」을 작업했고, 「마루 밑 아리에티」의 극본을 써 보겠다고 자원했지만 미야자키에게 거절당한 적이 있다. 이제 그는 새 장편 프로젝트의 사전 제작 기간 동안 다카하타를 돕게 됐다. 다카하타는 「가구야 공주 이야기」에 완전히 전념하기 전에 다른 방향과 이야기들도 고려하며 머뭇거렸다. 스튜디오 지브리의 호시노 코지 사장은 2008년 2월 다카하타의 새 영화가 제작 중이라고 밝

현다. 다카하타는 2009년 로카르노 영화제에서 명예 표범상을 받으며 자신의 계획을 알린다. 하지만 그때쯤 키시모토는 시나리오 작가로 다시 교육을 받기 위해 지브리를 떠났다. 그는 지브리에서의 짧은 경력이 각주에 불과해질 정도로 인기를 얻은 배구 애니메이션 「하이큐!!」의 각본을 쓰며 성공적인 경력을 이어 갔다. 영화에 참여한 또 다른 젊은 멤버는 지브리 편집팀의 니시무라 요시아키Yoshiaki Nishimura였다. 그는 전에 「하울의 움직이는 성」에서 프로덕션 매니저로 일한 적이 있었다. 프로젝트에 처음 합류했을 때 니시무라의 나이는 20대 중반이었는데 「가구야 공주 이야기」가 극장에 걸린 시점에는 결혼해 두 아이도 생겼다. 인생의 3분의 1을 다카하타의 비전을 실현하는 데 바친 것이다.

다카하타의 원래 각본은 3시간 30분이 넘는 분량이었고 스토리보드 작업만 몇 년이 걸렸다. 니시무라는 그들이 한 달에 2분짜리 상영 분량을 만들어 내는 속도로 일하고 있다고 추정했는데 다카하타는 그런 속도에 만족했다. 상황을 돕기 위해 스즈키는 혼잡한 지브리에서 떨어진 원격 스튜디오를 마련해 주었다. 그는 몇 명의 외주 직원을 붙이고 편안한 분위기를 제공하며 감독을 배려했다.

「가구야 공주 이야기」는 스튜디오의 모든 관행을 깨는 작품

이었기에 외따로 떨어진 스튜디오에서의 작업이 잘 어울렸다. 「이웃집 야마다 군」과 마찬가지로 다카하타는 새로운 형식을 실험해 보고 싶었다. 그는 뻔한 스타일은 쳐내고 손으로 그린 선에 초점을 맞춰 흰 여백에 수채화가 스며드는 스케치의 미학을 살리고 싶어 했다. 2013년 인터뷰에서 그는 이렇게 말한다.

"저는 이렇게 흐트러지고 가공되지 않은 스케치 그림이 여백을 남겨 사람들의 상상력을 자극한다고 생각합니다. 예술가가 빠르게 그림을 그려 낼 때 느끼는 희열을 전달하는 측면도 있죠. 그런 활력과 생동감이 영화에 잘 담아져 매우 감사하게 생각합니다."

매우 고유하고 인간적인 느낌을 애니메이션에서 살리기 위해선 고된 작업이 필요했다. 가공하지 않은 스케치 느낌을 유지하기 위해 보조 애니메이터들은 주요 애니메이터들의 그림을 따라 선의 두께와 부드러움을 정확히 모방해야 했다. 결과는 놀

왼쪽 상단 그림: 날아다니면서 자연과 함께 움직이는 젊은 여주인공. 미야자키의 비밀 영화인가 싶은 착각이 든다.
왼쪽 하단 그림: 자신을 위해 지어진 궁전에 앉아 있지만, 가구야 공주는 자연과 함께했던 시절을 그리워한다.
하단 그림: 완성까지 오랜 시간이 걸린 「가구야 공주 이야기」의 기자 간담회를 다카하타 이사오(왼쪽에서 다섯 번째)가 주관했다.

라웠지만 이 방법은 기존 방식보다 4배 가까운 시간이 더 걸릴 수 있었다. 실험적인 단편 영화에 적합한 방식을 장편 영화에 적용한 다카하타는 무모했다. 다행히도 그에겐 지원군이 있었다. 애니메이션 감독인 타나베 오사무Osamu Tanabe와 미술 감독인 오가 카즈오가 도전을 함께했고 우지이에 세이이치로가 50억 엔을 투자하며 영화는 장기간의 제작을 유지할 수 있었다. 우지이에는 2011년 세상을 떠났다. 그는 결국 영화의 각본과 완성된 스토리보드밖에 보지 못했다.

「가구야 공주 이야기」는 예정된 2013년 여름 개봉을 맞추지 못했다. 니시무라는 개봉 연기를 알리는 책임뿐 아니라 기자들 앞에서 스즈키의 짓궂은 농담을 듣는 역할도 해야 했다. 영화는 대신 2013년 11월에 개봉했고 제작 비용의 절반도 안 되는 수익을 내며 「바람이 분다」의 흥행 성적의 5분의 1 정도에 머물렀다. 그러나 해외에서는 다카하타에게 영화제 순회를 선사한 첫 작품이 됐다. 영화는 칸 영화제 감독 주간에 초청되고 2014년 토론토 국제 영화제에서 상영됐으며, 안시 국제 애니메이션 페스티벌의 개막작이 된다. 「가구야 공주 이야기」는 다카하타의 영화 중 아카데미 영화제 후보에 오른 최초이자 유일한 작품이다. 영화는 2015년 디즈니의 「빅 히어로」에 패해 고배를 마셨다.

미야자키와 달리 다카하타는 공식적으로 은퇴한 적이 없다. 「가구야 공주 이야기」는 슬프게도 그의 마지막 걸작이 되었지만 다카하타가 애니메이션에서 달성하고자 했던 이상을 보여줬다. 프로젝트를 마친 후 다카하타는 '아티스틱 프로듀서'로서 마이클 두독 드 위트와 함께 「붉은 거북」을 만든다. 또한, 니시무라 요시아키가 스튜디오 포녹Studio Ponoc을 차리는 데 도움을 준다. 니시무라는 훗날 그가 다카하타에게 포녹의 「겸손한 영웅」 단편집을 위한 영화를 제안했었다고 밝혔다. 2018년 4월 다카하타의 죽음으로 그 프로젝트는 영원히 묻히게 됐다.

다카하타의 별세가 알려진 후 아드만 애니메이션의 피터 로드Peter Lord, 픽사의 리 언크리치Lee Unkrich와 실뱅 쇼메Sylvain Chomet, 톰 무어Tomm Moore와 미셸 오슬로Michel Ocelot 같은 애니메이터들과 영화 제작자들은 모두 그의 작품과 무궁히 이어질 영향력에 경의를 표했다. 장례식에서 미야자키는 그들의 55년간의 우정과 협력, 경쟁을 담은 추도사를 전했다. 그는 지브리에 딱 어울리는 장소인 빗속의 버스 정류장에서 있었던 그들의 첫 만남을 언급했다. "그토록 드문 지성을 가진 사람을 만나서 정말 기뻤습니다." 미야자키는 말했다.

상단 그림: 다카하타 이사오(왼쪽)와 프로듀서 니시무라 요시아키(오른쪽)가 아카데미 영화제의 최우수 장편 애니메이션 부문 후보에 오른 영화 제작자들을 위한 리셉션에 참석하고 있다. 니시무라는 훗날 자신의 애니메이션 회사인 스튜디오 포녹을 설립한다.
오른쪽 그림: 「가구야 공주 이야기」의 일본판 포스터
170-171쪽 그림: 생생한 색깔과 움직임으로 표현된 장면. 가구야 공주가 여러 겹의 옷에 겹겹이 싸여 있는데, 이는 그녀를 비극적으로 가두는 궁전 생활을 상징한다.

「가구야 공주 이야기」는 다카하타 이사오가 일생을 바친 영화다. 제작은 2008년에 시작했지만, 다카하타의 감각적인 미학 기준과 여유로운 작업 속도로 완성된 십수 년간의 작업이 「가구야 공주 이야기」에서 꽃을 피운다. 애니메이션계의 거장에게 완벽하게 어울리는 예술적 비문이 완성되었다.

첫 붓놀림만 봐도 이 애니메이션이 뭔가 새롭다는 걸 바로 알 수 있다. '지브리 고유의 스타일'은 없지만, 영감 넘치는 예술가의 에너지로 모든 프레임에 활력을 불어넣는다. 거친 선을 중심으로 캔버스에 빠르게 색이 입혀지고, 필수적인 요소를 제외한 주변에는 여백을 남겨 강약을 조절한다. 다카하타와 그의 팀은 목탄 선과 수채화를 사용해 아주 짙은 감성의 질감을 표현해 냈다. 대나무 자르는 사람과 그 나무 밑동에서 찾은 신비로운 공주 이야기는 천 년도 더 됐을지 모르지만, 활력적인 영화의 스타일이 절박함을 불어넣는다.

공주가 아기에서 성인으로 자라는 시간이 순식간에 지나가며 애니메이션은 성장의 연결고리를 아름답게 숨긴다. 이는 많은 부모에게 아이들이 순식간에 자라온 경험을 떠올리게 한다. 다카하타는 영화 속 가족이 사는 작은 숲을 통해 전작에서도 보여 준 자연과 농업에의 동경을 표현하며 새로운 스타일과 주제의 무게로 활력을 더한다. 전통 그릇을 만드는 장면은 「추억은 방울방울」의 홍화 따기와 짝을 이루고, 꽃 속에서 지저귀는 새는 「이웃집 야마다 군」에 나오는 이미지와 비슷하다. 참외를 자르는 장면은 「반딧불이의 묘」에 나온 같은 동작을 답습한다. 그러나 마을 사람들이 자연이 회복되는 10년의 기간을 위해 떠나야 하는 대목에서는 영화 전반에 스며 있는 반복되는 죽음에 대한 지각이 통렬하게 엿보인다.

공주는 시골집을 좋아하지만, 죽순에서 금을 발견하자 아버지는 도시에 성을 짓고 그곳으로 터전을 옮겨 딸에게 어울릴 만한 집을 마련해야 한다고 생각한다. 이후에는 딸에게 맞는 구혼자를 물색한다. 아버지와 딸의 이상이 충돌하기 시작하며 궁전의 올가미에서 영화의 음울함은 더 깊어진다.

키키와 치히로, 산과 같은 선상에서, 가구야는 자연으로 돌아가기를 간절히 바라며 그녀에게 강요된 가부장제에 맞서 싸운다. 가구야는 구혼자들에게 자신의 마음을 사로잡기 위해선 존재하지 않는 신화적인 보물을 찾아오라는 희극적인 임무를 준다. 그녀를 물건 취급하는 구혼자들의 태도와 가구야의 신분 상승에 뿌리를 둔 물질주의가 드러나는 장면이다. 귀족의 예법을 익히는 수업에서 가구야는 서예 대신 자신의 이야기를 표현할 수 있을 만한 기예인 만화를 그린다. 그녀는 감정 없는 사람처럼 몰아가는 시대의 여성 스타일에 반기를 든다. 가구야의 삶에 피어난 불꽃은 공허하고 자신을 구속하는 궁전과 계속해서 대조된다.

가장 인상적인 장면은 가구야가 영화가 따라갈 수 없을 속도로 뛰쳐나와 미친 듯이 숲으로 달려가는 장면이다. 우아한 선의 붓질은 굵혀진 목탄의 소용돌이가 되고 추상적인 가구야의 모습이 화면 주위를 뛰어다니며 마치 자신의 이야기를 피하려는 듯한 느낌을 전달한다.

이런 좌절감의 표현은 가구야가 우아하게 날기 시작하는 후반부의 장면과 대조된다. 가구야는 옛 친구와 재회해 감정적으로 높이 날아오르며 옛집 근처에서 향수 가득한 즐거운 여행을 부드럽게 활공한다. 미야자키의 웅장한 비행기 여정에 뒤지지 않는 모습이다.

영화의 마지막 장면, 감옥 같은 궁전에 사람과 방문자가 너무 많아지자 가구야는 필사적으로 도움을 청한다. 그리고 그녀를 구하러 온 이들이 애초에 대나무 자르는 사람에게 마법처럼 데려다준 달의 사람이라는 뒤늦은 반전이 드러난다. 원작을 각색해 추가된 이 이야기는 조금 부자연스럽다. 영화 전반의 실험적인 시도를 고려할 때 가구야의 달의 가족 이야기가 초반에 어느 정도 언급됐다면 좀 더 매끄러웠을 것이다. 그러나 영화의 마지막 순간은 다카하타가 자기 죽음을 예견한 듯 삶에 대한 놀라운 고찰을 보여 준다. 인간으로 느낀 고통에도 가구야는 감정이 없는 차가운 달로 돌아가기보다 고통을 견뎌 내는 편이 더 낫다고 말한다. 구름 위에 앉은 달의 사람들은 다카하타의 「폼포코 너구리 대작전」에서처럼 당황스러울 정도로 기운찬 음악이 동반된 유령 퍼레이드를 펼치며 도착한다. 그것은 비극적

으로 가구야의 슬픈 처지를 부각하며 대조를 이루지만, 이후에 인간 세계에서의 긍정적인 경험도 보여 주며 다카하타는 우리에게 감정의 가치를 전달한다.

감독으로서 마지막 작품인 「가구야 공주 이야기」는 다카하타가 남기는 완벽한 마침표이다. 자신의 마지막이 눈앞에 놓인 것도 모른 채 그는 젊은 프로듀서인 니시무라 요시아키와 작업하면서 새로운 인재를 단련시켰고, 이에 애니메이션계는 약간의 쉼표만 있었을 뿐 공백 없이 돌아갈 수 있었다.

상단 그림: 한때 가구야를 기쁘게 했던 여러 겹의 옷감은 가부장적인 사회가 여성을 제한하는 방식을 상징한다. 그녀는 옷을 차려입고 구혼자들의 구애를 받기 위해 방 안에 갇혀 있어야 한다.
왼쪽 그림: 수 세기에 걸쳐 전해 내려온 설화 속 인물인 대나무 자르는 사람. 그는 다카하타의 「이웃집 야마다 군」에도 등장한다. 106쪽에서 비슷한 모습을 취하는 야마다 씨를 볼 수 있다.

추억의 마니
(WHEN MARNIE WAS THERE, 2014)

아웃사이더이지만 괜찮아

감독: 요네바야시 히로마사
각본: 요네바야시 히로마사, 니와 케이코, 안도 마사시
상영 시간: 1시간 42분
일본 개봉: 2014년 7월 19일

「마루 밑 아리에티」로 요네바야시 히로마사 감독은 미야자키 하야오의 짓궂은 장난에 맞섰고, 성공했다. 요네바야시는 거장에게 감동을 주기도 했다. "좋은 영화입니다. 눈물이 나왔죠."라고 미야자키는 소감을 전했다. 「마루 밑 아리에티」의 개봉 후 요네바야시는 본래의 역할인 지브리의 원화를 담당하는 주요 애니메이터로 돌아가 「코쿠리코 언덕에서」와 「바람이 분다」를 작업했다. 그러나 소극적인 성격이던 요네바야시는 아리에티의 성공에 확고한 용기를 얻고 프로듀서 스즈키 도시오를 찾아가 두 번째 장편 영화감독의 기회를 정식으로 요청했다.

상단 그림: 요네바야시 히로마사가 자신의 지브리 두 번째 장편 영화에서 표현하고 싶었던 '진주색' 하늘이 숨 막히도록 아름답게 연출됐다.
왼쪽 그림: 「추억의 마니」는 노를 저어 이전에 가 보지 못한 감정의 강으로 지브리를 데려간다.

스즈키는 요네바야시에게 1964년에 나온 조앤 G. 로빈슨 Joan G. Robinson의 카네기상 수상 소설인 《추억의 마니 When Marnie Was There》를 건넸다. 이 소설은 미야자키 하야오가 추천하는 50권의 아동도서 목록에도 들 만큼 그가 매우 좋아하는 작품이었다. 스즈키는 이 소설을 영화로 옮기는 데 요네바야시가 적임자라 생각했다. 회고록인 《스튜디오 지브리의 현장 스토리》에서 스즈키는 그 이유를 설명했다.

"미야자키는 「추억의 마니」 같은 영화를 만들기 어려웠죠. 요네바야시는 미야자키보다 훨씬 섬세하고 젊어요. 이 영화가 미야자키의 판타지 영화와는 또 다른 매력을 주겠다는 직감이 왔습니다."

영화는 또한 갈등이나 로맨스, 음모가 생길 수 있는 남녀 주인공이 아닌 두 명의 여성 캐릭터에 초점을 맞춘다. 스즈키는 이런 점을 '매우 현대적'이라고 보았고 요네바야시 역시 관심을 가졌다. "미야 씨가 비행기 그리는 걸 즐겼던 만큼 요네바야시는 꾸준히 소녀들을 그려 왔죠. 그가 차별화된 두 명의 소녀 캐릭터를 만드는 작업을 즐길 거라 확신했습니다." 스즈키는 말했다.

이 영화에서 스즈키는 정규 프로듀서 역할에서 물러나 적절한 직원을 배치하는 총괄 매니저로 일하게 됐다. 「가구야 공주 이야기」의 제작을 담당한 니시무라 요시아키가 프로듀서로, 미야자키와 「모노노케 히메」와 「센과 치히로의 행방불명」, 다카하타와는 「폼포코 너구리 대작전」과 「가구야 공주 이야기」를 작업한 노련한 애니메이터 안도 마사시가 애니메이션 감독이자 캐릭터 디자이너로 참여했다. 안도는 또한 요네바야시와 지브리의 충실한 일원인 니와 케이코와 함께 각본을 작업했다.

「추억의 마니」는 미야자키나 다카하타의 손이 직접 닿지 않은 지브리의 첫 극장용 장편 영화라는 특별한 영예를 안았다. 한발 물러선 스즈키까지 더해, 다음 세대에 고삐를 넘겨주려는 스튜디오 지브리의 염원이 드디어 실현된 듯했다. 요네바야시는 '거장들의 도움 없이' 영화를 만들어야 했다고 말했다. 요네바야시와 안도의 팀은 지브리의 틀을 깨는 몇 가지 주요한 시각적 아이디어를 영화에 접목했다. 캐릭터의 표정을 더 섬세하게 표현하고 영화의 시골 풍경은 거의 사진을 재현한 느낌으로 만들었다. 크리에이티브 팀은 일본의 북부 홋카이도 지역 중 특히 이전 지브리 영화에서 묘사되지 않았던 습지 지대를 둘러보았다. 미야자키 영화의 상징인 파란 하늘과 푸른 언덕은 요네바야시가 '진주색'이라고 묘사한 은은한 색조의 흐리고 어둡고 미묘한 느낌의 하늘로 대체된다.

「추억의 마니」는 제작이 늦어진 「가구야 공주 이야기」가 개봉한 지 8개월 만인 2014년 7월, 일본 극장에서 공개됐다. 영화는 2010년 「마루 밑 아리에티」가 벌어들인 수익의 3분의 1 정도에 그치며 박스오피스에서 다소 실망스러운 결과를 거뒀다. 연말에는 그해 가장 높은 이익을 거둔 상위 10개의 일본 영화에 겨우 이름을 올렸다.

관객을 끄는 데 더 도움이 되지 않은 건 8월에 발표한 스튜디오 지브리의 휴업 소식이었다. 스즈키의 말에 따르면 '임시 휴업'이었다. 미야자키는 「바람이 분다」를 끝으로 은퇴하기로 돼 있었다. 하지만 2016년 새로운 장편 영화 「그대들은 어떻게 살 것인가」의 제작에 들어가며 은퇴는 없던 일이 됐다. 비록 달팽이 속도로 진행돼 영화가 나오기까지 오래 걸렸지만 말이다.

이에 굴하지 않고, 「추억의 마니」의 프로듀서인 니시무라 요

시아키는 멘도에게 영감을 받아 회사를 차린다. 2015년 4월 니시무라는 성인과 어린이 모두를 위한 고품격 애니메이션을 만드는 지브리의 유산을 이어 갈 신생 회사, 스튜디오 포녹Studio Ponoc을 설립한다.

니시무라는 첫 장편 프로젝트로 또 다른 영문 아동도서인 메리 스튜어트Mary Stewart의 원작 《메리와 마녀의 꽃The Little Broomstick》을 각색하기로 한다. 그는 요네바야시를 감독으로 스카우트했고 문 닫힌 지브리 스튜디오에서 말 그대로 책상만 옮겨 일하는 것처럼 지브리의 동료들을 직원으로 데려왔다.

빗자루를 손에 들고 친숙한 검은 고양이를 옆에 낀 고집쟁이 마녀 지망생 이야기인 「메리와 마녀의 꽃」은 미야자키 하야오와 다카하타 이사오의 작품에 어느 정도 영향을 받았겠지만 니시무라와 요네바야시의 목표는 단순한 모방 이상이었다. '자정'을 뜻하는 크로아티아어에서 따온 스튜디오 이름이 이를 말해 준다. 거의 30년 전 지브리의 이름이 업계에 신선한 공기를 불러온 시로코 바람을 상징한 것처럼 그들의 스튜디오 이름은 일본 애니메이션 업계의 새로운 장을 의미했다.

오른쪽 그림: 마니의 서양식 저택은 뚜렷한 인상을 남겼다.
하단 그림: 캐릭터 스케치에 그려진 안나와 마니

「추억의 마니」 감상 후기

불안한 마음을 다스리기 위해 시골로 보내진 10대 소녀 안나는 친척 집에 도착하고는 곧바로 '사랑'이라고 새겨진 곳 위에 그녀의 가방을 무의식적으로 내려놓는다. 이제 단어는 가려졌다. 이 영화에서 어둡고 불편하고, 지브리가 이전에 다뤄 보지 않은 감정을 표현하는 방식이다. 안나는 조숙하진 않지만 세상과 단절되어 있다. 자기를 혐오하며, 독립적이기보단 아웃사이더에 가깝다. 안나는 일반적인 지브리의 주인공 유형이 아니며 「추억의 마니」 역시 전형적인 지브리 영화가 아니다.

안나는 영화가 시작될 때 불안 발작을 겪는다. 지브리가 주인공의 정신 건강 상태를 넌지시 예고한 것과 안나가 스케치북에 그리던 그림을 공유하려 할 때 발작이 일어난 것이 눈에 띈다. 안나는 화가이며, 미야자키보다 요네바야시의 감수성을 반영한 예술가다. 차갑기로 악명 높은 미야자키는 그의 젊은 제자만큼 표현력이나 감수성이 뛰어나진 않다. 미야자키가 각본을 쓴 「귀를 기울이면」에서는, 예술이 오랜 시간에 걸쳐 연마되고 발전되는 기술이라고 나온다. 요네바야시에게 있어 예술은 불안의 무게를 동반한 감정과 창조의 표현이다. 안나의 불안은 스케치북에 들어 있으며 그것을 보여 주려다 잘 안 되자 바닥으로 급격히 추락한다.

역시 지브리 영화다. 자연은 모든 병에 언제나 효과적인 치료제다. 안나는 홋카이도의 습지대로 가서 자신을 더 잘 이해하게 된다. 안나가 지내게 되는 작은 바닷가 마을인 키사키베츠는 놀랍도록 멋지게 묘사된다. 사실주의 기법은 지브리의 자연 사랑을 가장 확실하게 보여 주는 방법이다. 팔을 스치는 수풀과 발밑에 눌린 습지, 신선한 바다 공기가 화면을 떠다닌다. 익숙하고 산뜻한 지브리의 파란색을 배제한 진주색 하늘은 바닷물에 아름답게 반사된다. 여러 가지 형태의 그러데이션과 우울한 회색은 격정적인 사춘기에 적합한 색상이다. 물가에 서 있던 안나는 습지대 건너편의 웅장한 집을 보게 된다. 작은 불빛이 새어 나오는 창가에는 그녀가 곧 만날 어린 소녀 마니가 있다.

마니와 안나는 친밀한 우정을 쌓는다. 두 소녀 모두 내면에 깊은 슬픔이 있다. 안나는 사회적인 상호작용이 크게 단절됐고 마니는 부모에게 방치됐다. 근사한 집 안에서 구박을 받으며 밝은 모습으로 슬픔을 숨긴다. 그들은 동시에 그런 깊은 유대감을 직감한다. 저물녘 분홍빛으로 물든 호수 위 보트에서 좋아한다고 고백하는 장면은 가슴 시리도록 로맨틱하다. 하지만 안타깝게도 그럴 수 없다. 사회가 이 관계를 인정하지 않아서가 아니다. 영화가 아무리 아름답게 소녀들을 그려 내도 그들이 커플일 수 없는 이유는 사실 마니가 안나의 할머니의 잔영이기 때문이다.

아주 엉뚱한 설정은 아니다. 세대를 잇는 영적인 관계는 그들이 서로에게 밀착되어 있는 상황을 설명해 준다. 하지만 몇 년 전 혈연간의 로맨스를 암시했던 「코쿠리코 언덕에서」가 있었기 때문에 확실히 놀라웠다. 「코쿠리코 언덕에서」와 마찬가지로 「추억의 마니」가 빛나는 곳은 마지막 부분이 아니다. 영화는 지브리 작품 중 가장 감성적인 영화일거다. 힘들고 복잡한 심경의 관객은 키키나 나우시카에게 영감을 받았던 것처럼 영화 속 두 명의 어린 주인공을 보며 위로를 받을 것이다. 대부분의 10대처럼 안나와 마니는 세상을 매우 강렬하게 경험한다, 빛과 어둠, 그 사이의 모든 변화들까지……

180쪽 그림: 「추억의 마니」의 프랑스판 포스터
왼쪽 그림: 감독인 요네바야시 히로마사는 동료들에게 '마로'라는 애칭으로 불렸다.

붉은 거북
(THE RED TURTLE, 2016)

유럽과 지브리의 만남

감독: 마이클 두독 드 위트
각본: 마이클 두독 드 위트, 파스칼 페랑
상영 시간: 1시간 21분
일본 개봉: 2016년 9월 17일

스즈키 도시오가 스튜디오 지브리의 '임시 휴업'을 발표한 지 2년도 채 안 돼,
2016년 칸 영화제 드뷔시 극장의 대형 스크린에 토토로 로고가 등장했다.
단, 이번에는 상징적인 지브리 블루 대신 붉은색을 입은 토토로였다.

「붉은 거북」이 지브리가 처음으로 공동 제작한 영화는 아니다. 가장 대표적으로 오시이 마모루Mamoru Oshii가 「공각기동대 2: 이노센스Ghost in the Shell 2: Innocence」의 예산을 모을 수 있도록 지브리가 문화적 힘을 실어 준 적이 있다. 그러나 로고가 들어간 데는 특별한 의미가 있다. 칸 영화제 '주목할 만한 시선' 선정의 일환으로 영화가 국제적으로 첫 상영될 때, 마이클 두독 드 위트Michaël Dudok de Wit 감독과 그의 작품을 위해 다카하타 이사오와 스즈키 도시오가 프로듀서로 참석한 것도 그렇다.

네덜란드 태생이지만 런던에 기반을 둔 두독 드 위트는 2001년 아름다운 작품 「아버지와 딸」로 아카데미 영화제 단편 애니메이션 부문을 수상했다. 그리고 2006년 지브리 미술관 팀이 「아버지와 딸」의 일본 배급을 문의하며 두 번째 제안을 건넸다. 그와 스튜디오 지브리가 함께 장편 영화를 만드는 것이다. 장편 애니메이션의 자금과 제작 지원을 받는 것이 얼마나 어려운지 잘 아는 두독 드 위트는 지브리의 제안에 매료됐다. "이렇게 생각했어요. '장편 영화를 만들 기회가 있다면 바로 지금이야.' 그들은 감독을 중심으로 영화를 만들죠."

이 프로젝트는 스즈키 도시오와 아티스틱 프로듀서 역할을 한 다카하타 이사오, 프랑스 배급사인 와일드번치의 빈센트 마라발Vincent Maraval이 제작한다. 두독 드 위트는 다카하타와의 논의에서 가장 파격적이고 창의적인 제안을 생각한다. 바로 대사를 없앤, 대화 없는 영화의 제작이다.

「붉은 거북」은 칸 영화제에서 심사위원 특별상을 받았으며 2017년 아카데미 영화제의 최우수 장편 애니메이션 부문 후보에 오른다. 다카하타와의 협력을 회상하며 두독 드 위트는 영국 영화 협회에 이렇게 말한다. "다카하타와 일하는 건 정말 멋진 경험이었습니다. 그의 뛰어난 지성과 엄청난 감각을 여러 번 느꼈죠. 다카하타의 말을 들으며 내가 위대한 거장 앞에 있다는 걸 절실히 깨달았습니다."

왼쪽 그림: 운명에 맞서다. 남자가 제목에 나오는 거북에 맞서고 있다.
하단 그림: 수중 발레. 소년과 거북이들이 물에서 미끄러지듯 헤엄친다.

「붉은 거북」 감상 후기

혼동하지 말자. 「붉은 거북」은 스튜디오 지브리의 영화다. 도입부에 나오는 붉은색 로고가 다르다고 생각하게 할 순 있지만, 이 단순해 보이는 무인도 이야기에 서서히 빠져드는 지점에는 뚜렷한 지브리 혈통이 드러나며, 영화를 감상하다 보면 걸작의 기운이 느껴진다. 영화는 죽음에 대한 생존 이야기이다. 두려움에 헐떡거리는 숨소리부터 만족스러운 마지막 숨까지, 이름 모를 남자의 인생을 그린다. 그는 갇힌 것이 아니라 살아간다는 위대한 임무를 부여받은 한 명의 인간일 뿐이다. 다른 무인도 이야기와 달리 「붉은 거북」을 특별하게 만드는 건 영화가 탈출에 관한 내용이 아니기 때문이다.

등장인물은 적지만 이야기는 삶으로 가득 차 있다. 우리가 지브리에 기대하는 활력 있는 삶 말이다. 다른 지브리 영화보다 평면적이지만 정확한 방식으로 물고기와 게, 도마뱀과 개구리, 노래기가 아름다운 모습을 드러낸다. 그리고 드디어 거북이가 등장한다. 남자가 임시로 만든 뗏목을 부순 거북은 처음 마주쳤을 때는 위험한 대상으로 인식된다. 하지만 바다의 푸른 프레임 속에 머물 때는, 그 존재의 필연성을 선언하듯 남자의 눈을 깊게 응시하고 화면을 채우며 굉장한 우아함을 드러낸다.

거북이 해안으로 밀려오자 남자는 공격한다. 남자가 지금껏 무인도의 생물을 부드럽게 다뤘고 우리가 지브리에 예상하는 바가 있기에 이런 폭력적인 행동은 매우 충격적이다. 그는 운명이 줄 수 있는 기쁨은 모른 채 운명과 그 집요한 화신을 가격한다. 거북이의 등껍질이 열릴 때는 마치 재난 영화의 빙하가 갈라지는 것 같지만 그 후에 일어나는 건 대격변이 아니다. 자연의 마법이 가져다준 더 거대하고, 심오한 가족이다.

거북에게서 한 여자가 나오고 남자의 무인도 생활에 합류한다. 처음에는 당연히 거리를 두지만, 대부분의 지브리 방식처럼 음식을 통해 친밀해진다. 여자는 홍합을 모아 식사를 준비하며 하나를 남자에게 건넨다. 음식의 감촉은 둘 사이의 커지는 친밀감을 표현한다.

그들은 곧 아이를 얻게 되고 부모로서 아들의 시선에서 주변 환경을 바라보며 무인도에서의 기쁨과 두려움은 더욱 극심해진다. 이런 감정은 로랑 페레스 델 마르Laurent Perez Del Mar의 뛰어난 음악으로 절묘하게 전달된다. 배경은 작아 보일 수 있어도 델 마르의 관현악곡은 인간의 일생과 비교할 수 있을 만큼 규모가 크고 겹겹이 쌓인 느낌이다. 해안가를 걷는 작은 발의 또닥또닥 즐거운 소리, 익사의 위기, 헤엄쳐 무인도의 둥지를 떠나가는 아들을 지켜보는 자부심과 비통함, 그리고 죽음까지 세심하게 당겨진 현과 거대한 활을 통해 완벽하게 울려 퍼진다.

무인도에 닥친 해일은 「반딧불이의 묘」의 폭격과 「바람이 분다」의 지진에 버금가는 파괴적인 사건으로 모든 것을 무너뜨린다. 물과 식물, 사람이 화면 전체에서 뒤흔들리며 혼란스럽다. 그러나 재해의 끝에서도 가족은 살아남고 상실 앞에서도 여전히 강인하다. 황금빛 햇빛을 쬐고 끔찍한 사건으로 인한 잔해들을 만회하며 그들은 함께 음식을 먹는다.

상단 그림: 거대한 파도 벽. 영화의 가장 인상적인 장면으로, 커다란 파도가 시간 속에 멈춰 있다.

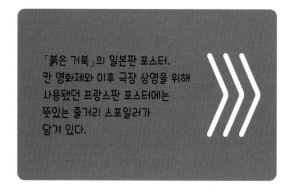

「붉은 거북」의 일본판 포스터. 칸 영화제와 이후 극장 상영을 위해 사용됐던 프랑스판 포스터에는 뜻있는 줄거리 스포일러가 담겨 있다.

아야와 마녀
(EARWIG AND THE WITCH, 2020)

지브리, 3D 세계로 들어서다

감독: 미야자키 고로
각본: 니와 케이코, 군지 에미
상영 시간: 1시간 22분
일본 개봉: 2020년 12월 30일 (TV)

전통적인 수작업 애니메이션의 마지막 보루였던 스튜디오 지브리는 디지털 기술을
받아들이는 데 오랫동안 신중했다. 컴퓨터 보조 기술은 1990년대 이후 지브리 애니메이션에도
스며들었지만, 스튜디오는 언제나 그들이 2D 애니메이터라는 점을 자각해 왔다.
3D CG 애니메이션 기술을 추구하는 픽사의 동료들과는 달랐다.

2016년 다큐멘터리 「끝나지 않는 사람, 미야자키 하야오Nev-er-Ending Man: Hayao Miyazaki」에 나오듯 미야자키는 3D 기술에 매우 강경한 회의론자였다. 이 다큐멘터리에서 나이 많은 거장은 CG 애니메이션을 그의 2018년 작 단편 「애벌레 보로」의 제작에 적용하는 데 애를 먹는다. 한 기술 회사의 대표가 이론상 예술가의 수작업 없이도 실물 같은 애니메이션을 만드는 새로운 시스템을 소개하는 악명 높은 장면도 등장한다. 그에 대한 미야자키의 반응은 이후로도 화제가 됐다. "저는 이런 것이 정말 삶에 대한 모욕이라고 느낍니다."

한편, 지브리의 또 다른 미야자키는 3D CG를 순조롭게 받아들이고 있었다. 2014년 지브리가 공동 제작하고 미야자키 고로가 감독과 스토리보드를 맡은 3D 애니메이션 TV 시리즈 「산적의 딸 로냐Ronja, the Robber's Daughter」가 공개됐다. 고로의 다음 영화가 모두의 기대와 달리 지브리의 첫 3D CG 장편인 걸 보면 그 경험은 분명 긍정적이었던 것 같다.

2020년 「아야와 마녀」의 발표는 큰 놀라움을 주었다. 지브리를 향한 관심은 넷플릭스와 HBO 맥스를 통해 전 세계적으로 작품의 스트리밍 서비스가 시작되면서 최고조에 달했다. 미야자키 하야오의 장편 「그대들은 어떻게 살 것인가」와 오랫동안 논의 중인 지브리 테마파크에 대한 감질나는 소식은 팬들을 애태웠다. 그들은 새 장편 영화가 이미 완성되어 상영할 준비를 마쳤다는 사실을 미처 몰랐다.

비공개로 기획·제작된 「아야와 마녀」를 제안한 사람은 미야자키 하야오였다. 그는 서점을 둘러보다 「하울의 움직이는 성」의 작가인 다이애나 윈 존스Diana Wynne Jones의 유작이 된 단편 소설을 우연히 발견하고 각색을 제안했다. 프로듀서 스즈키 도시오는 고로에게 프로젝트를 맡기며 「산적의 딸 로냐」에 이어 3D 애니메이션에 적합한 영화일 수 있다고 말했다. 판이 꾸려졌다. 제작에는 캐릭터 디자인을 맡은 콘도 카츠야, 공동 각본을 집필한 니와 케이코, 작곡을 맡은 다케베 사토시Satoshi Takebe처럼 지브리 주요 베테랑들이 투입됐지만, 애니메이션 작업은 스튜디오와 처음 일하는 젊은 해외 제작진이 맡았다.

미야자키 고로의 영화 제작을 방해하는 외부 요소는 언제나 많았다. 그의 데뷔작인 「게드 전기—어스시의 전설」은 아버지의 명성에 가려졌고 「코쿠리코 언덕에서」는 2011년 후쿠시마 재해로 인한 잦은 정전을 겪으며 제작됐다. 그리고 2020년 코로나 19로 전 세계 영화관이 문을 닫으며 「아야와 마녀」를 상영할 장소도 줄었다.

2020년 6월 스즈키 도시오는 이 프로젝트를 공개하며 「아야와 마녀」가 12월 말 영화관이 아닌 텔레비전에서 상영된다고 발표했다. 그달 말, 코로나로 영화제가 연기되지 않았다면 「아야와 마녀」가 칸 영화제에서 상영됐을 거라는 사실이 밝혀졌다. 고로는 프랑스 리비에라의 눈부신 레드카펫 시사회는 누릴 수 없었지만, 칸 영화제의 영예로운 공식 초청작이 된 지브리의 첫 영화라는 명예를 얻었다.

그러나 의문점은 여전히 남는다. 「아야와 마녀」가 선보이는 지브리의 새로운 방향을 세상은 어떻게 받아들일까? 특색 있는 손 그림으로 35년간 애니메이션을 만들어 온 스튜디오가 내놓은 이 영화는 그동안 지브리가 지켜 오고 사랑받아 온 규칙을 깨뜨리는 것처럼 보였다.

「아야와 마녀」는 2021년 영미권 영화관에서 개봉된다. 미국에서는 GKIDS를 통해 2월 제한적 상영을 한 후 HBO 맥스를 통해 스트리밍을 시작했다. 영국에서는 새로운 배급사인 엘리시안 필름 그룹을 통해 영화를 개봉하며 수십 년 만에 스튜디오 카날을 통해 공개하지 않는 첫 지브리 영화가 됐다. 또한 고국에서 개봉되기도 전에 서구권의 영화관에서 먼저 공개된 첫 지브리 작품이었다.

영화는 지브리 작품 중 가장 냉혹한 평가를 받았다. 《파지바Pajiba》의 크리스티 푸코Kristy Puchko는 '스튜디오 지브리의 저렴한 모조품 같은 영화'라고 묘사했고 사이먼 에이브럼스Simon Abrams는 지브리의 대단한 지지자였던 로저 에버트를 기리는 웹사이트에 "「아야와 마녀」는 미야자키 하야오의 위대한 작품을 어설프게 따라 했다'라고 평했다.

「아야와 마녀」는 지브리라는 이름 아래 감행한 엄청나게 대담한 실험이었다. 그러나 미야자키 고로는 세계를 호령한 아버지의 앞선 작품들에 비교당하며 부당한 평가를 받게 되었다.

왼쪽 그림: 빗자루와 고양이, 마법에 열정이 있는 검은 머리의 소녀. 익숙한 지브리 요소들이다. 그러나 반항적인 아야는 키키와 다르니 주의하라.

「아야와 마녀」 감상 후기

「아야와 마녀」는 스튜디오 지브리의 가장 실험적인 영화일 것이다. 각본을 읽으면 의문을 가질 수도 있다. 어린 마녀와 고양이, 유럽의 시골을 배경으로 한 세트라니. 정통 지브리 요리책에 나오는 레시피 같다. 하지만 영화를 보면 명확해진다. 「아야와 마녀」는 새로운 지브리 영화 정도가 아닌 완전히 다른 차원의 작품이다.

지브리가 3D 애니메이션에 진출한 것이 낯설고 묘한 느낌을 준다. 배경이 되는 파란 하늘과 푸른 언덕, 바다 수평선은 익숙한 이미지로 편안함을 주지만 이 새로운 세상 속 캐릭터들은 불편하다. 우리가 기대해 온 풍부한 표정과 예술적 표현 대신 이 영화의 인물들은 플라스틱 공장에서 찍어 낸 것 같다. 그들의 피부는 너무 매끄럽고 표정은 로봇 같으며 머리카락은 레고 피규어처럼 딱딱하다. 감정이 전달되어야 하는 순간엔 주류 일본 애니메이션 스타일이 아야와 그녀의 3D 일행들에게 적용된다. 눈이 극단적인 비율로 확대되거나 축소되고 비명을 지를 때 입이 얼굴 전체를 덮는 식이다. 이러한 만화적 왜곡이 당장엔 어색하지 않아도, 영화의 다른 지점에서 사물이 너무 사실적으로 그려지는 통에 스타일이 상충하고 부조화를 이룬다.

영화는 벨라 야가와 맨드레이크라는 이름의 사악한 마법 듀오에게 입양된 반항적인 어린 고아 아야를 중심으로 전개된다. 그들은 아야에게 마법 주문을 만드는 법을 가르쳐 준다고 약속하지만 실제로 그녀에게 주어진 건 냄비 닦는 일이다. 주문과 마법의 약을 만들려면 요리책이 필요하다. 우리는 그동안 지브리의 부엌이 얼마나 마법 같은지 보아 왔지만 여기선 실제로

부엌에서 마법이 일어난다. 아야는 지시에 따라 마법을 만들고 그 과정에서 기술을 배우며 마법을 모든 사람이 참여하고 만들 수 있는 것으로 보편화한다. 처음에는 마법 같은 모험을 보여 주는 「마녀 배달부 키키」와 유사한 내용 같지만, 철학적으로는 「귀를 기울이면」에 나온 현실 속 근면함과 실천적인 창조의 교훈 쪽에 더 부합한다.

영화는 교훈을 전하기도 전에 끝을 맺는다. 우리는 스튜디오 지브리가 3D CG의 짧은 여행을 통해 많은 교훈을 얻었기를 바란다. 스튜디오의 이런 모험이 영화와 비슷하게 급작스러운 끝을 맺기 바라는 이도 있을 거다. 그러나 스튜디오 지브리의 새로운 시도는 흥미롭고 언제나 흥미진진할 것이다. 그들이 마법 냄비를 휘젓는 모습을 지켜보자. 다음에 무엇이 펼쳐질지 누가 알겠나! 그리고 정말 맛있을 수도 있다.

오른쪽 그림: 「아야와 마녀」의 영미판 포스터
하단 그림: 마법사로는 만점, 양아버지로는 0점. 마법사이자 작가 지망생, 한때는 록 밴드 키보드 연주자였던 맨드레이크는 아야의 사악한 양부모 중 한 명이다.

그대들은 어떻게 살 것인가
(KIMITACHI WA DŌ IKIRU KA, 2023)

마지막 비행일까?

감독: 미야자키 하야오
각본: 미야자키 하야오
상영 시간: 2시간 4분
일본 개봉: 2023년 7월 14일

절대 그날이 오지 않을 듯했다. 2017년 10월, 미야자키 하야오가
은퇴 선언을 번복하고 새로운 영화를 만든다는 소식이 처음 들려왔다.
새 영화는 요시노 겐자부로의 소설《그대들, 어떻게 살 것인가 HOW DO YOU LIVE》에서 영감을
받았다는 것 외에는 오랫동안 소식이 없었다. 한때는 동료 다카하타 이사오를
'나무늘보의 후손'이란 별명으로 불렀던 미야자키 역시 천천히 숨을 고르는 때가 되었다.

"온 세상에 나이 때문에 은퇴한다고 공표해 놓고 다시 돌아오는 것만큼 한심해 보이는 것도 없을 겁니다." 2016년에 프로젝트 제안서에 미야자키는 그렇게 적었다. 그렇지만 그는 한 편의 영화를 더 완성해 돌아왔다. 2021년 〈뉴욕타임스New York Times〉와 흔치 않은 인터뷰를 진행한 미야자키는 영화가 원작 소설인《그대들, 어떻게 살 것인가》의 제목에 답을 줄 것인지 질문을 받았다. 그는 이렇게 답했다. "저도 답을 모르기 때문에 이 영화를 만들고 있죠." 제작자인 스즈키 도시오는 미야자키가 이 영화를 만든 데는 또 다른 동기가 작용했다고 말한다. 다음 세대를 위한, 특히 손자에게 주는 선물 같이 '할아버지는 곧 다른 세상으로 갈 테지만 이 영화를 남긴다'는 메시지가 담겨 있다는 것이다.

영화가 비밀리에 천천히 제작되는 동안, 스튜디오 지브리는 그 어느 때보다 활발히 활동했다. 21편의 영화를 넷플릭스에서 글로벌 스트리밍하는 역사적인 계약을 체결한 후에도 지브리 브랜드는 대중에게 꾸준히 노출됐다. 로에베나 리바이스와 같은 패션브랜드와 라이선스 계약을 맺어 협업하고, 「센과 치히로의 행방불명」과 「이웃집 토토로」는 연극으로 제작돼 호평받았다. 나고야에는 지브리 파크를 개장했으며, 루카스필름과 디즈니플러스와의 특별한 협업을 통해 「젠-그로구와 더스트 버니Zen- Grogu and Dust Bunnies」라는 단편 영화를 선보이기도 했다. 스튜디오 지브리가 트위터에 일본어 계정을 만들며 소셜미디어에서도 존재감을 높이자 기대는 더 커졌다.

지브리는 새로운 영화의 포스터를 공개하며, 2023년 7월 14일로 일본 상영 날짜를 발표했다. 「마녀 배달부 키키」와 「모노노케 히메」, 「센과 치히로의 행방불명」과 「벼랑 위의 포뇨」, 「바람이 분다」가 개봉했던 행운의 7월에 미야자키 하야오는 다시 돌아오게 됐다.

왼쪽 그림: 영화의 제목에 등장하는 두 주인공. 소년 마히토와 새집에서 만난 별난 '왜가리'
하단 그림: 10년 만에 미야자키의 영화가 개봉했다. 매우 색다른 방식으로 개봉한 「그대들은 어떻게 살 것인가」

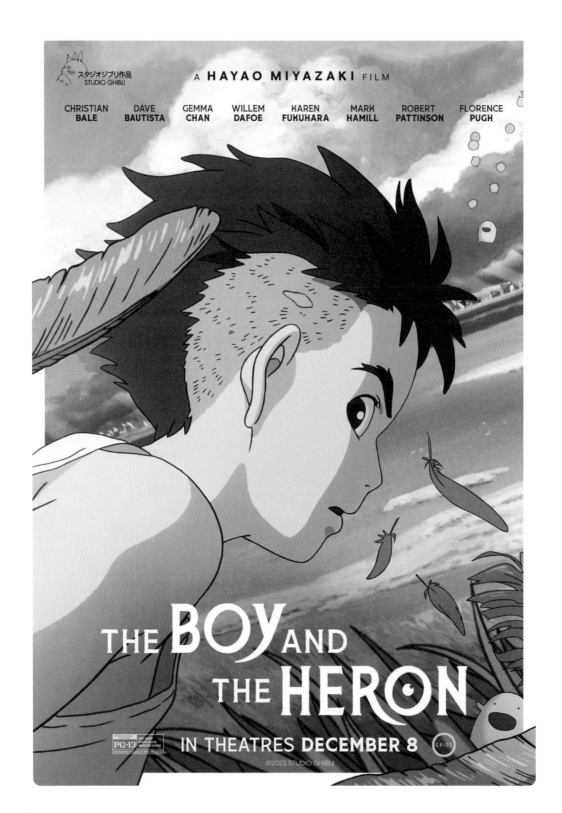

포스터는 영화가 일본에 개봉하기 전에 배포된 유일한 홍보 자료였기 때문에 팬들은 자세히 들여다볼 수밖에 없었다. 모든 제작비를 지브리가 부담한(들리는 바로는 넷플릭스와의 파트너십 같은 계약으로 가능했다고 한다) 파격적인 행보 아래 영화는 최소한의 마케팅과 홍보만으로 개봉했다. 예고편과 주요 스틸 사진을 비롯해 보통 일본에서 영화가 개봉할 때 마련하는 유광 팸플릿 같은 제작물도 없었다. 관객들은 그야말로 개봉 날 영화를 처음 접한 셈이었다.

전례가 없는 과감한 개봉 전략이었다. 음악 산업에서는 비슷한 사례를 볼 수 있다. 비욘세나 테일러 스위프트 같은 대스타가 '깜짝' 앨범을 발표한다든가, 데이비드 보위가 유작인 '블랙

스타Blackstar'를 비밀리에 녹음한 것처럼 말이다.

이는 현명한 전략이었다. 덕분에 영화는 새로운 애니메이션 블록버스터의 시대에서 돋보이는 특별함을 얻었다. 미야자키의 전작이 개봉하고 10년이 흐르는 동안 「센과 치히로의 행방불명」은 역사상 일본에서 가장 높은 수익을 올린 영화라는 타이틀을 신카이 마코토의 「너의 이름은.」과 공전의 인기를 끈 시리즈인 「귀멸의 칼날: 무한열차편」에 넘겨줬다. 2022년만 보더라도 「스즈메의 문단속」과 「더 퍼스트 슬램덩크」, 「원피스 필름 레드」 세 작품이 개봉 후 차트 정상에 올랐다. 10년 전만 해도 지브리 영화만 가능했던 기록이었다.

전략은 통했다. 적어도 개봉 주말에 놀라운 기록을 세우며 지금까지 지브리 영화 중 가장 성공적인 출발을 했다. 진정한 블록버스터가 되진 않았지만, 대중들 입에 오르내리며 인기를 유지했다. 팬들은 난해한 이미지와 주제를 살펴보며 조금씩 나오는 후속 자료들을 반겼다. 왕성하게 활동 중인 젊은 프로듀서 요네즈 켄시의 주제곡부터 히사이시 조의 사운드트랙, 여러 스틸 사진과 노련한 예술가들로 이뤄진 올스타팀이 완전히 공개

왼쪽 그림: 해외 시장용 포스터는 난해함을 다소 덜어냈다. 마히토와 사랑스러운 와라와라가 등장한 미국 포스터
상단 그림: 지브리 광팬이자 아카데미 수상에 빛나는 기예르모 델 토로 감독과 지브리의 니시오카 준이치 부사장이 토론토 영화제에서 만났다.
하단 그림: 또 다른 멋진 지브리 음식 장면을 선사하는 마법의 소녀 히미. 소박하지만 빵에 버터와 잼을 듬뿍 발라 주는…….

상단 그림: 좀처럼 모습을 드러내지 않는 작은할아버지가 자신이 창조한 세계에 고립한 채 후계자를 찾고 있다. 익숙한 모습이지 않은가?
오른쪽 그림: 현실 세계의 시골집 주민들이 집을 지키기 위해 도구를 들고 행진하는 모습

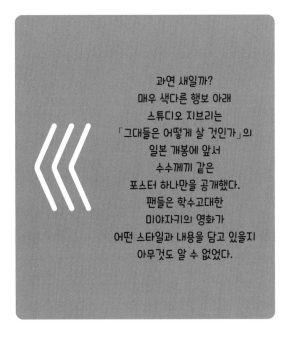

과연 새일까?
매우 색다른 행보 아래
스튜디오 지브리는
「그대들은 어떻게 살 것인가」의
일본 개봉에 앞서
수수께끼 같은
포스터 하나만을 공개했다.
팬들은 학수고대한
미야자키의 영화가
어떤 스타일과 내용을 담고 있을지
아무것도 알 수 없었다.

됐다. 오가 카즈오와 콘도 가츠야, 요네바야시 히로마사와 안도 마사시 같이 지브리와 일했던 멤버들이 돌아왔으며, 「에반게리온: 서」와 「천년여우」, 「애니매트릭스」를 작업한 혼다 타케시가 작화감독으로 참여했다.

　해외에서는 좀 더 전형적인 방식으로, 연말 개봉을 앞두고 토론토와 산세바스티안, 뉴욕과 런던의 영화제에서 먼저 상영됐다. 여러 스타가 「소년과 왜가리The Boy and the Heron」라는 제목으로 개봉한 영어판에 성우로 참여했다. 「하울의 움직이는 성」의 목소리 연기를 담당한 크리스티안 베일Christian Bale과 「게드전기-어스시의 전설」에 참여한 윌렘 대포Willem Dafoe, 「천공의 성 라퓨타」와 「바람계곡의 나우시카」의 더빙을 맡았던 마크 해밀Mark Hamill, 「아야와 마녀」의 댄 스티븐스Dan Stevens가 다시 등장했다. 새롭게 지브리 세계에 합류한 스타들도 있다. 플로렌스 퓨Florence Pugh와 젬마 찬Gemma Chan, 데이브 바티스타Dave Bautista가 참여했으며, 로버트 패틴슨Robert Pattinson은 왜가리 역을 맡았다.

　토론토 국제 영화제의 상영에 앞서 영화감독 기예르모 델 토로Guillermo del Toro는 관객에게 이렇게 소개하며 열기를 더했다. "지금 우리는 모차르트가 교향곡을 작곡하고, 반 고흐가 그림을 그리던 시대에 사는 영광을 누리는 거나 마찬가지입니다. 미야자키가 그러한 경지에 있는 거장이기 때문이죠."

　미야자키가 영화제에 참석하지 않자, 그가 드디어 은퇴했다는 소문이 커졌다. 그러나 그가 이미 사무실로 돌아가 지브리 파크를 위한 전시를 준비하고 잠정적으로 새로운 영화를 구상한다는 게 밝혀지자, 소문은 잠잠해졌다. 프랑스 신문인 〈리베라시옹Libération〉과의 인터뷰에서 스즈키 도시오는 이렇게 말했다. "더는 미야자키를 말리지 않습니다. 이제 82세에 접어든 그지만 90세가 될 때까지도 일을 놓지 않을 거란 생각이 들거든요. 그리고 그 길에는 저도 함께할 겁니다."

「그대들은 어떻게 살 것인가」 감상 후기

☆

전쟁의 위험을 피해 낯선 시골집에 도착한 소년이 침대로 기어들어 간다. 소년의 어머니는 세상을 떠났고, 새어머니는 아래층에서 기다리고 있다. 소년이 누운 이불 문양을 자세히 보면, 꽃 모양 같기도, 비행기 프로펠러 같기도 하다. 미야자키 하야오의 상상력을 구현하는 친숙한 이분법적 표현이 다시 돌아왔다. 그의 가장 최신작인(부디 마지막 작품이 아니길 바란다) 이 영화는 유산에 관한 멋진 이야기다. 압도적이고 혼란스러운 슬픔의 잔재와 여러 이야기를 풀어갈 날이 제한적인 한 예술가가 보여 주는 즐겁고 복합적인 유산이 영화에 녹아 있다.

침대에 누워 있는 소년은 마히토다. 그는 아버지와 함께 도쿄에서 피신했다. 전형적인 '부드러운' 지브리 아버지들과 달리 익살맞고 호전적인 마히토의 아버지는 비행기 공장을 운영하며 죽은 아내의 여동생인 나츠코와 재혼했다. 그들이 살 곳에는 직원들이 거주하는 목조 주택과 가족들을 위한 붉은 벽돌 주택 외에도 베일에 싸인 천재 작은할아버지가 지은 탑이 무성한 풀에 가려져 있다. 새집에 도착한 마히토는 바로 긴장감을 느낀다. 전쟁의 그늘에서 벗어나지 못한 그는 낯선 집을 조심히 살핀다. 그러다 요시노 겐자부로의 소설 《그대들, 어떻게 살 것인가》를 비롯해 죽은 어머니가 그를 위해 남긴 책들을 발견한다.

새어머니가 된 이모와 함께 살며 마히토는 끊임없이 어머니의 죽음을 떠올리게 된다. 학교에서 친구들과 주먹다짐을 한 후에는 난폭하게 자기 이마를 돌로 찍어 상처를 낸다.

무엇보다 증오를 격렬히 표출하는 대상은 집 정원에서 뽐내듯 날아다니는 왜가리다. 결코 평범한 왜가리가 아니다. 부리 밑에는 이빨이 가득하고 코도 아주 커다랗다. 특히 마히토의 어머니를 찾는 날카로운 소리를 낼 때, 기묘한 부자연스러움은 더해진다. 영화에는 이를 비롯해 미야자키가 구현한 기괴하고 무서운 장면들이 등장한다. 미야자키는 이렇게 「반딧불이의 묘」에 버금가는 영상을 보여 주며 우리를 전쟁과 고통의 용광로로 생생히 데려간다.

어느 날 새어머니인 나츠코가 사라지자 마히토는 그녀를 찾아 나선다. 그림 형제의 동화처럼 왜가리 깃털을 따라 탑으로 간 마히토는 그곳이 다른 세계로 가는 문임을 발견한다. 전지전능한 작은할아버지가 만든 이 세계에는 죽은 그의 어머니도 있을 수 있다. 환상이 살아 숨 쉬는 다른 세계로 이어 주는 터널은 인생의 부푼 짧은 순간에 관한 고찰을 담은 「이웃집 토토로」와 「센과 치히로의 행방불명」을 떠올리게 한다. 그렇지만 동시에 미야자키가 영어권 문화에서 받은 영향도 느껴진다. 프랜

시스 호지슨 버넷Frances Hodgson Burnett의 《비밀의 화원 The Secret Garden》이 떠오르는데, 이는 미야자키가 꼽은 가장 좋아하는 어린이 책이기도 하다. 도피의 트라우마 속에 발견한 세상과 현세의 삶이 다르게 흘러간다는 점에서는 클라이브 스테이플스 루이스C.S. Lewis가 만든 세계인 '나니아'와도 많이 닮아 있다.

다른 세계로 향하는 문에서 왜가리가 걸어 나온다. 벽화로 존재하는 것이 아니라 반은 새, 반은 사람으로 정지된 그림이 살아 움직인다. 문에는 단테의 《지옥편Inferno》에 나오는 라틴어 구절이 새겨져 있다. 지옥편에서 단테를 안내한 시인 버질과 같이 왜가리는 안내자이자 심문관이다. 탑의 주인이 부여한 과제 아래 마히토와 왜가리는 바다로 뒤덮인 세계를 탐색하며 사라진 나츠코와 엄마를 찾아다닌다. 탑의 주인은 자신의 왕국을 물려받을 이 후계자의 모습을 지켜본다.

그 후에 펼쳐지는 이야기에서 미야자키의 진가가 발휘된다. 펠리컨 무리의 공세부터 생선 내장의 폭발까지 거부감을 주는 강렬한 생물들의 등장에 마히토는 끊임없이 당황한다. 퍼덕거리고 흘러넘치는 생물들은 스크린의 가장자리까지 장악하며 이 공허하고 비탄에 잠긴 소년을 압박한다. 신기하게도 현실 세계에서 하녀로 일하던 키리코 할멈이 젊었을 때의 모습으로 이곳에선 항해사로 변해 황금빛 속죄의 범선이 즐비한 잔잔한 수평선을 지나 배 모양의 섬으로 흘러가도록 이끈다. 떠다니는 범선들의 모습은 「붉은 돼지」에 등장하는 초월적인 비행기 천국

장면과 비슷하다. 단편적인 구조부터 이동하는 배경까지 이 영화는 '무상'이란 메시지를 담은 진행형의 이야기다. 그리고 배 모양의 섬에서 미야자키는 우리에게 뛰어난 장면을 선사한다. 이 영화뿐 아니라 그의 모든 영화에서도 도드라지는 장면이다.

섬에 사는 와라와라는 포뇨에 버금갈 정도로 귀여운 생명체다. 스펀지 같은 몸을 지닌 이 작고, 둥글고, 하얀 생명체들은 장난스럽고 얼빠진 미소를 짓는다. 마치 「모노노케 히메」의 코다마와 마시멜로를 섞어 놓은 듯하다. 와라와라들은 인간으로 '태어나기' 위해 배의 가장자리에 올라가 공기를 가득 마시고 평화로운 밤하늘로 떠오른다. 그리고 별자리를 따라 무리 지어 돌아다닌다. 마치 우주의 명소인 '창조의 기둥'을 사랑스럽게 구현한 듯하다. 애니메이션의 강력한 효과로 창조의 시작을 표현한 놀라운 장면이다.

시골집에서의 정적인 장면과 비교되어 액션과 해설은 순식간에 지나간다. 우스꽝스러울 정도로 무표정한 식인 앵무새 떼와의 전투가 벌어지고, 황량하고 고전적인 복도를 지나 시간 내

왼쪽 그림: 그 어떤 지브리 주인공보다 고통을 겪는 소년 마히토는 외면과 내면의 상처를 견딘다.
하단 그림: 다소 난해할지라도, 영화의 중심에는 상실과 인연에 관한 감동적인 메시지가 흐른다.
196-197쪽 그림: 권력에 굶주린 앵무새 대왕. 영화 「곡성」에도 출연했던 다작 배우 쿠니무라 준이 일본어 더빙을 맡았고, 레슬링 선수에서 마블 스타가 된 데이브 바티스타가 영어판의 목소리를 담당했다.

에 문들을 통과해 돌 언덕을 향해 올라간다. 경이로운 생명체와 배경이 등장하는 업청난 상상력이 응집된 장면들이다. 여기에 히사이시 조의 음악은 웅장함과 비통함을 표현한 간결한 선율을 들려주며 그가 커리어의 정점에 있음을 증명해 준다. 이 모든 것의 끝에는 창조주가 있다. 이 세계의 창조주이자 탑의 주인은 이제 자기 핏줄 중 이 세계를 물려받을 후계자를 찾고 있다. 이 불길한 인물에는 감독인 미야자키의 모습이 반영된 듯하다. 홀로 앉아 있는 주인은 연필이나 물감, 애니메이션 셀이 아

닌 작은 돌을 쌓아 추상적인 탑을 세워 그가 창조한 세계를 지킨다. 그러나 돌이 떨어지는 순간 그 세계는 끝나 버리고 만다.

여기, 판타지 세계를 창조하며 명성을 쌓은 지브리의 간판이 있다. 현재까지도 후계자가 모호한 상황에서 그는 웅장하고 폭발적인 방식으로 자신의 명성을 들여다보곤, 스튜디오 지브리 설립 후 만든 최초의 작품인 「천공의 성 라퓨타」의 무게를 감당했던 방식대로 미야자키는 그 탑을 부수기로 선택한다. 처음엔 손자를 위한 영화에 걸맞지 않은 불길하고 혼란스러운 메시지

로 느껴질 수 있지만, 결국 이 작품의 교훈은 '자신이 선택한 삶을 살라'는 데 있다. 그런 의미에서 이는 스튜디오 지브리의 팬들을 위한 메시지이기도 하다. 물론 미야자키의 핏줄이자 좋은 영화를 만드는 미야자키 고로 감독도 있지만, 또 다른 미야자키 하야오는 있을 수 없다. 「그대들은 어떻게 살 것인가」는 그가 바통을 물려주길 바라거나 스튜디오가 후계자를 찾기 바라는 팬들에게 분명한 결론을 남긴다. 누군가 쉽게 그 자리를 차지해 미야자키를 따라 해도 그 작품은 그만큼 즉각적이고 독창

적일 수 없다는 것. 그가 쌓아 온 예술의 탑을 복제하기란 쉽지 않기 때문이다. 그리고 그만큼 뛰어날 수도 없기 때문에 제2의 미야자키 하야오는 앞으로도 존재하지 않을 것이다.

하단 그림: 미야자키 영화에 등장하는 노인들은 언제나 큰 즐거움을 준다. 경탄할 만한 하녀들은 유바바와 황야의 마녀, 포뇨의 요양원 노인들이 그랬던 것처럼 영화에 재미를 더한다.

후기

스튜디오 지브리여, 영원하라!

미야자키 하야오가 자기 생각을 고수했다면 스튜디오 지브리의 영화는 접하기 어려웠을 것이다. 1990년대에 그의 영화가 인기를 얻기 시작하자 미야자키는 우려를 표했다. '현실보다 더 흥미로운' 영화를 보며 관객이 현실 세계를 외면하지 않을까? 자신들의 삶을 풍요롭게 할 시간에 단지 어떤 부족함을 채우는 영화가 될까 봐 우려한 것이다.

"사람들은 우리 영화를 반복해서 감상하기 위해 비디오를 구입했어요." 미야자키는 설명했다. "좋은 영화를 반복해서 보니까 자녀들에게도 괜찮다고 생각했을 겁니다. 정말 말도 안 되는 얘기죠. 아이들은 한 영화를 50번 보는 것보다 49번 볼 시간에 다른 경험을 해야 합니다."

그의 말도 일리가 있다. 스튜디오 지브리의 영화를 아껴서 음미하는 것은 희소성에서 오는 신비한 매력 때문이다. 그러나 흥미롭게도 스튜디오 지브리의 중심에는 반소비주의자인 미야자키와는 다르게 상업적 성공을 추구하는 동료들이 있었다. 사실 어느 정도 계산적인 경영인들이 뒤에 있었기에 미야자키가 작품에 전념하는 것도 가능했다.

이제 스튜디오 지브리의 영화는 넷플릭스와 HBO 맥스의 스트리밍 서비스로 버튼만 누르면 쉽게 볼 수 있다. 그리고 지브리 미술관과 지브리 파크도 운영 중이다. 창의력과 상상력의 두 성지인 이곳에는 지브리 공식 상품이 가득하다.

솔직히 말하자면 우리는 객관적일 수 없다. 지브리 영화를 해외에서도 쉽게 볼 수 없었다면 우리는 팟캐스트를 시작할 수도, 이 책을 쓸 수도, 영국에서 열린 영화 축제와 시사회를 이끌 수도 없었을 것이다. 우리가 이 여정을 시작한 배경은 2018년 출발점부터 지금까지 동일하다. 스튜디오 지브리의 영화는 한 작품씩 따로 봐도 뛰어나다. 세심하고 완성도가 높으며, 모든 연령대 관객의 마음을 움직이는 드문 힘을 지녔다. 그러나 전체 필모그래피를 보면 또 다른 것들이 눈에 들어온다.

왼쪽 그림: 지브리 파크는 테마파크보다는 영화의 배경과 캐릭터를 생생하게 경험하는 장소라고 할 수 있다. 지브리 파크에 있는 대왕 토토로. 오른쪽 그림: 어마어마한 지브리 창고엔 사진 찍을 곳이 가득하다. 「천공의 성 라퓨타」의 로봇 앞에 선 마이클과 제이크.

두 거장 감독과 장편 애니메이션의 가능성을 구현한 세계적 수준의 예술가들, 그리고 국내와 해외에서 스튜디오가 명성을 얻은 이야기가 그 안에 담겨 있다.

사인회와 시사회에서 만나는 이들은 꽤 단순한 질문을 던졌다. 어떤 영화로 시작했나? 가장 좋아하는 영화는 무엇인가? 최고로 추천할 작품은? 우리는 지브리라는 특별한 수박을 자르는 방식은 여러 가지라고 답한다. 결코 대답을 회피하는 게 아니다. 스튜디오 지브리가 주는 기쁨은 각자의 방식대로 직접 발견해야 한다. 그러니 어떤 영화로든 시작해도 좋다. 정답은 없다.

처음 영화를 접한 경험은 오래 기억에 남는 만큼 모두에게 특별하다. 영국에서는 그 경험이 시기에 따라 다를 때가 많다. 드물게 TV로 방영된 「천공의 섬 라퓨타」를 보았거나, 마이클이 그랬던 것처럼 2003년 「센과 치히로의 행방불명」이 역사적으로 개봉되던 마침 그 시기에, 그 장소에 있었을 수도 있다. 「하울의 움직이는 성」이나 「고양이의 보은」으로 첫 여정을 시작했거나 친구와 친척, 선생님이 보여 준 「이웃집 토토로」와 「마녀배달부 키키」로 처음 지브리를 만났을지도 모른다. 우연히 스튜디오 지브리를 접했던, 의도적으로 그 길에 들어섰던 우리는 모두 동행자다.

팟캐스트를 처음 시작하던 당시, 우리는 영국 TV 채널인 필름4에서 방영한 스튜디오 지브리 회고전의 여운에 빠져 있었

다. 그래서 마이클은 지브리의 히트작과 주요 작품, 개인적인 추천작을 소개하며 제이크를 이 멋진 세계로 쉽게 이끌었다. 팟캐스트의 첫 에피소드는 많은 이들이 최고로 꼽는 「센과 치히로의 행방불명」을 맛보기로 골랐다. 그 후에는 더 깊이 들어가기 전에 「이웃집 토토로」와 「모노노케 히메」, 「반딧불이의 묘」와 「귀를 기울이면」, 「추억은 방울방울」 같은 작품들을 소개했다. 강의 계획표처럼 진행했던 이 방식을 우리는 책을 쓰면서는 버리고, 대신 이야기를 하나씩 모아 연대순으로 정리했다.

물론 우리는 개인적으로 좋아하는 작품이 있다. 마이클은 언제나 「귀를 기울이면」을 더 주목받아야 할, 잘 알려지지 않은 영화로 꼽을 것이다. 제이크는 통찰력 깊은 다카하타 이사오와 그의 자연 세계를 표현하는 끝없는 예술적 열정을 꼽는다. 그랬기 때문에 제이크는 이 책을 쓰면서 비로소 「모노노케 히메」 안에 담긴 복잡하고 모호한 도덕성을 완전히 이해했고, 마이클은 미야자키의 커리어라는 더 넓은 관점에서 「바람이 분다」가 지닌 깊은 의미를 발견했다. 시간이 흐르며 다시 영화를 볼 때 새로운 면과 의미를 재발견하는 것은 예술이 가진 또 다른 마력이라고 할 수 있다. 영화 자체는 변한 게 없지만 갑자기 가장 좋아하는 작품이 될 수도 있다. 그러나 누가 뭐래도 우리가 입을 모아 꼽는 미야자키의 최고 업적은 「이웃집 토토로」다. 시간이 흐를수록 더 흔치 않고 특별한, 기적 같은 영화라고 생각한다.

스튜디오 지브리의 세계에 흠뻑 빠져들기란 정말 쉽다. 지브

리는 많은 것이 담겨 있고 마음을 사로잡는 세계다. 우리가 팟캐스트를 발행하고 책을 쓴 지 수년이 지난 이 시점에도 많은 이야기가 남은 것을 보면 알 수 있다. 스튜디오의 앞날은 여전히 미지수다. 이 책의 초판을 쓸 때만 해도 미야자키의 새 영화는 상상할 수도 없는 먼 이야기로 느껴졌다. 그러나 2023년, 마침내 「그대들은 어떻게 살 것인가」가 등장했다. 우리가 글을 쓰는 지금도 들리는 바에 따르면 미야자키는 매일 출근해 그의 아틀리에에서 작업한다고 한다. 스튜디오의 재정적 미래도 오랜 파트너인 닛폰 TV의 인수 덕분에 안정적으로 보인다.

앞으로 더 많은 영화가 나올까? 누가 장담할 수 있겠나? 하지만 어떤 일이 일어나든, 미야자키 하야오가 지지하지 않더라도, 우리 모두에겐 두고두고 반복해서 볼 멋진 지브리 영화들이 있다.

우리는 그 영화들을 계속 소개하려 한다.

2023년 10월, 도쿄와 런던 그 어딘가에서
마이클과 제이크

왼쪽 그림: 스즈키 도시오와 닛폰 TV 회장인 스기야마 요시쿠니가 지브리 인수를 체결하며 악수하고 있다.
상단 그림: 지브리 미술관에서는 아이들만 탈 수 있게 제한하지만, 지브리 파크에서는 어른들도 고양이 버스에 올라탈 수 있다.
하단 그림: 스튜디오 지브리와 패션 브랜드 로에베의 콜라보. 완전히 새로운 차원의 스타일과 가격대의 지브리 상품이다.

참고 문헌

이 책에 있는 제작 역사와 배경 지식은 아래에 기술된 많은 작가와 자료, 다큐멘터리와 번역본을 참고했습니다. 또한 다카하타 이사오와 스즈키 도시오, 미야자키 고로와 요네바야시 히로마사, 니시무라 요시아키와 캐슬린 케네디, 마이클 두독 드 위트와 스나다 마미, 스티브 알퍼트와의 인터뷰를 비롯해 10년 동안의 개인적인 연구에서 자료를 얻었습니다.

스튜디오 카날과 GKIDS, 엘리시안 필름에도 감사드립니다. 그들의 언론 자료를 통해 스튜디오 지브리의 이야기를 연결할 수 있었습니다. 박스오피스 순위와 통계는 일본 영화 제작자 협회(Eiren.org)에서 자료를 얻었습니다. 스튜디오 지브리 팬에게 지브리의 모든 정보를 볼 수 있도록 광범위한 온라인 자료를 제공하는 GhibliWiki(Nausicaa.net)과 Buta Connection(Buta-connection.net)의 귀중한 작업에도 감사드립니다.

서적

스티브 알퍼트, 《끝나지 않는 사람과 함께한 삶》 (버클리, 스톤 브리지 프레스, 2020)
조나단 클레멘트, 헬렌 매카시, 《아니메 백과사전, 3차 개정판: 일본 애니메이션의 한 세기》 (버클리, 스톤 브리지 프레스, 2015)
레이나 데니슨, 《모노노케 히메: 스튜디오 지브리의 괴물 공주에 대한 고찰》 (런던, 블룸즈베리 아카데믹, 2018)
알렉스 두독 드 위트, 《BFI 필름 클래식: 반딧불이의 묘》 (런던, 블룸즈베리 퍼블리싱, 2021)
하라 쿠니오, 《33¹/₃ 일본: 이웃집 토토로 사운드트랙》 (런던, 블룸즈베리 아카데믹, 2020)
다니엘 마틴, 《BFI 필름 클래식: 마녀 배달부 키키》 (런던, 블룸즈베리 퍼블리싱, 2022)
헬렌 매카시, 《미야자키 하야오: 일본 애니메이션의 거장》 (버클리, 스톤 브리지 프레스, 1999 / 인디북(한국어판), 2004)
미야자키 하야오, 《출발점 1979-1996》 (샌프란시스코, 비즈 미디어, 2009 / 대원씨아이(한국어판), 2013)
미야자키 하야오, 《반환점 1997-2008》 (샌프란시스코, 비즈 미디어, 2009 / 대원씨아이(한국어판), 2013)
수전 네이피어, 《미야자키 월드: 미야자키 하야오의 어둠과 빛》 (런던, 예일대학프레스, 2018 / 비잉(한국어판), 2021)
콜린 오델, 미셸 르 블랑, 《스튜디오 지브리: 미야자키 하야오와 다카하타 이사오의 영화》 (하펜덴, 하트퍼드셔, 카메라 북, 2009)
앤드류 오스몬드, 《BFI 필름 클래식, 센과 치히로의 행방불명》 (런던, 블룸즈베리 퍼블리싱, 2008)
안드리아나 루지치, 《마이클 두독 드 위트: 애니메이션 인생》 (보카 레이턴, 플로리다, CRC Press, 2020)
스즈키 도시오, 《스튜디오 지브리의 현장 스토리》 (도쿄, JPIC, 2018 / 넥서스 BOOKS(한국어판), 2009)
다이애나 윈 존스, 《하울의 움직이는 성》 (런던, 하퍼콜린스 어린이 책, 2009)

다큐멘터리

「미야자키 하야오의 10년」 (감독: 아라카와 카쿠, 2019)
「다카하타 이사오와 그의 <가구야 공주 이야기>」 (감독: 미키 아키라, 사토 히데카즈, 2014)
「꿈과 광기의 왕국」 (감독: 스나다 마미, 2013)
「끝나지 않는 사람, 미야자키 하야오」 (감독: 아라카와 카쿠, 2016)

기사, 인터뷰, 블로그

'미야자키 하야오 인터뷰: 슬랩스틱 액션 영화를 이제 만들지 않는 이유', 《코믹 박스》, 1989년 10월
http://www.nausicaa.net/miyazaki/interviews/slapstick.html#fn2

'이 세상의 한구석에: 카타부치 스나오와의 단독 인터뷰', WaveMotionCannon.com, 2017년 8월 15일
https://wavemotioncannon.com/2017/08/15/in-this-corner-of-the-worldan-exclusive-interview-with-director-sunao-katabuchi/

'<센과 치히로의 행방불명>에 관한 미야자키와의 인터뷰', 《아니메쥬》, 2001년 5월
http://www.nausicaa.net/miyazaki/interviews/sen.html

'다카하타 이사오를 기억하며, 1935-2018', 《Sight & Sound》, 2018년 5월 14일
https://www2.bfi.org.uk/news-opinion/sight-soundmagazine/comment/obituaries/remembering-takahata-isao-1935-2018

'스튜디오 지브리의 프로듀서이자 회장인 스즈키 도시오와의 특별 인터뷰-미야자키 하야오와 다카하타 이사오라는 두 천재를 이끄는 역할에 대해', 일본 정책 포럼, 2013년 10월 11일
https://www.japanpolicyforum.jp/culture/pt20131011203452.html

사이먼 에이브럼스, '<아야와 마녀>', RogerEbert.com, 2021년 2월 3일
https://www.rogerebert.com/reviews/earwig-and-thewitch-film-review-2021

잔 브룩스, '애니메이터의 신', 《더 가디언》, 2005년 9월 14일
https://www.theguardian.com/film/2005/sep/14/japan.awardsandprizes

카포네, '코믹콘 09: 카포네, 거장 미야자키 하야오와 그의 최신작 <벼랑 위의 포뇨>를 이야기하다', 《Ain't It Cool News》, 2009년 8월 3일
http://legacy.aintitcool.com/node/41918

로저 에버트, '<이웃집 토토로>', RogerEbert.com, 2001년 12월 23일
https://www.rogerebert.com/reviews/great-movie-my-neighbortotoro-1993

히카와 류스케, '애니메이션 감독 호소다 마모루의 고전적인 스토리텔링', Nippon.com, 2016년 11월 17일
https://www.nippon.com/en/views/b06801/the-classic-storytelling-ofanime-director-hosoda-mamoru.html#

어슐러 르 귄, '스튜디오 지브리의 미야자키 고로가 만든, <게드 전기-어스시의 전설>에 처음 응답하다.', UrsulaKLeGuin.com
https://www.ursulakleguin.com/gedo-senki-1

헬렌 매카시, '하야오가 지은 집', 《망가 맥스》, 1999년

크리스티 푸코, '스튜디오 지브리의 최신 영화 <아야와 마녀>, 이제 HBO 맥스에서 볼 수 있다.' 파지바, 2021년 2월 5일
https://www.pajiba.com/film_reviews/now-on-hbo-max-earwig-and-the-witch-is-the-latest-fromstudio-ghibli.php

에릭 스팀슨, '지브리의 스즈키, 라퓨타 제작의 뒷이야기를 밝히다', 《아니메 뉴스 네트워크》, 2014년 9월 25일
https://www.animenewsnetwork.com/interest/2014-09-24/ghibli-suzukireveals-circumstances-behind-laputa-production/.79131

'초당 올라오는 새로운 트윗 기록과 방법', blog.twitter.com, 2013년 8월 16일
https://blog.twitter.com/engineering/en_us/a/2013/new-tweetsper-second-record-and-how.html

로저 에버트, '<반딧불이의 묘>', RogerEbert.com, 2000년 3월 19일
https://www.rogerebert.com/reviews/great-movie-grave-of-the-fireflies-1988

사진 출처

이 책에 실린 이미지를 사용할 수 있도록 허락해준 다음의 출처에 감사드립니다.

5 제레미 서튼-히버트 / 알라미 스톡 포토; 6 코워드 라이언 / 알라미 스톡 포토; 7 (왼쪽) 2001 스튜디오 지브리 - NDDTM; (가운데) 에버렛 컬렉션 주식회사 / 알라미 스톡 포토; 8 곤잘로 아즈멘디 / 알라미 스톡 포토; 9 예레미야 수테이라트; 10-11 예레미야 수테이라트; 12 스펜서 와이너 / 게티를 통한 로스앤젤레스 타임스; 13 뉴스컴 / 알라미 라이브 뉴스; 14 1984 스튜디오 지브리 - H; 15 1984 스튜디오 지브리 - H; 16 (상단) 뉴스컴 / 알라미 스톡 포토; (하단) 1984 스튜디오 지브리 - H; 17 하쿠호도 / 니바리키 / 도쿠마; 18 (상단 및 하단) 1984 스튜디오 지브리 - H; 19 에버렛 컬렉션 주식회사 / 알라미 스톡 포토; 20 1984 스튜디오 지브리 - H; 21 1984 스튜디오 지브리 - H; 22 AF 아카이브 / 알라미 스톡 포토; 23 1986 스튜디오 지브리; 24 1986 스튜디오 지브리; 25 스튜디오 지브리 / 앨범; 26 1986 스튜디오 지브리; 27 포토 12 / 알라미 스톡 포토; 28 1986 스튜디오 지브리; 29 1986 스튜디오 지브리; 30 포토 12 / 알라미 스톡 포토; 31 1988 스튜디오 지브리; 32 (상단 및 하단) 1988 스튜디오 지브리; 33 로랑 코펠 / 감마-라포; 34-35 포토 12 / 알라미 스톡 포토; 36 저자; 37 AF 아카이브 / 알라미 스톡 포토; 38 1988 스튜디오 지브리; 39 1988 스튜디오 지브리; 40 1988 스튜디오 지브리; 41 Gkids / 커티시 에버렛 컬렉션; 42 1988 스튜디오 지브리; 43 스튜디오 지브리 / 커티시 에버렛 컬렉션; 44 1988 스튜디오 지브리; 45 1988 스튜디오 지브리; 46 게티 이미지를 통한 아사히 신문; 47 1988 스튜디오 지브리; 48 AF 아카이브 / 알라미 스톡 포토; 50 1988 스튜디오 지브리 - N; 51 1988 스튜디오 지브리- N; 52 예레미야 수테이라트; 53 Photo 12 / 알라미 스톡 포토 54-55 1988 스튜디오 지브리 - N; 57 스튜디오 지브리 / 앨범; 58 1991 오카모토 호타루 - 토네 유코 - 스튜디오 지브리 - NH; 59 1991 오카모토 호타루 - 토네 유코 - 스튜디오 지브리 - NH; 60 포토 12 / 알라미 스톡 포토; 61 1991 오카모토 호타루 - 토네 유코 - 스튜디오 지브리 - NH; 62 저자; 63 1991 오카모토 호타루 - 토네 유코 - 스튜디오 지브리 - NH; 64 1992 스튜디오 지브리 - NN; 65 1992 스튜디오 지브리 - NN; 66 예레미야 수테이라트; 67 1992 스튜디오 지브리 - NN; 68 1992 스튜디오 지브리 - NN; 69 포토 12 / 알라미 스톡 포토; 70 1992 스튜디오 지브리 - NN; 71 1992 스튜디오 지브리 - NN; 72 1993 히무로 사에코 - 스튜디오 지브리 - N; 73 1993 히무로 사에코 - 스튜디오 지브리 - N; 74 1993 히무로 사에코 - 스튜디오 지브리 - N; 75 에버렛 컬렉션 주식회사 / 알라미 스톡 포토; 76 1994 지무쇼 하타케 - 스튜디오 지브리 - NH; 77 1994 지무쇼 하타케 - 스튜디오 지브리 - NH; 78 부에나 비스타 홈 비디오 /커티시 에버렛 컬렉션; 79 1994 지무쇼 하타케 - 스튜디오 지브리- NH; 80 1994 지무쇼 하타케 - 스튜디오 지브리- NH; 81 1994 지무쇼 하타케 - 스튜디오 지브리- NH; 82 1995 히이라기 아오이 / 슈에이샤 - 스튜디오 지브리 - NH; 83 1995 히이라기 아오이 / 슈에이샤 - 스튜디오 지브리 - NH; 84 1995 히이라기 아오이 / 슈에이샤 - 스튜디오 지브리 - NH; 85 Gkids / 커티시 에버렛 컬렉션; 86-87 1995 히이라기 아오이 / 슈에이샤 - 스튜디오 지브리- NH; 88 포토 12 / 알라미 스톡 포토; 89 1995 히이라기 아오이 / 슈에이샤 - 스튜디오 지브리- NH; 90 1995 히이라기 아오이 / 슈에이샤 - 스튜디오 지브리 - NH; 91 (상단) 저자; (Bottom) 1995 히이라기 아오이 / 슈에이샤 - 스튜디오 지브리 - NH; 92 1997 스튜디오 지브리 - ND; 93 1997 스튜디오 지브리 - ND; 94 1997 스튜디오 지브리 - ND; 95 앨범 / 알라미 스톡 포토; 96 게티 이미지를 통한 아사히 신문; 97 1997 스튜디오 지브리 - ND; 98 1997 스튜디오 지브리 - ND; 99 구글 사진 / ZUMAPRESS.com; 100 1997 스튜디오 지브리 - ND; 101 1997 스튜디오 지브리 - ND; 102 1999 이시이 히사이치 - 하타케 지무쇼 - 스튜디오 지브리 - NHD; 103 1999 이시이 히사이치 - 하타케 지무쇼 - 스튜디오 지브리 - NHD; 104 포토 12 / 알라미 스톡 포토; 105 1999 이시이 히사이치 - 하타케 지무쇼 - 스튜디오 지브리- NHD; 106 1999 이시이 히사이치 - 하타케 지무쇼 - 스튜디오 지브리 - NHD; 107 (상단 및 하단) 1999 이시이 히사이치 - 하타케 지무쇼 - 스튜디오 지브리 - NHD; 108 2001 스튜디오 지브리 - NDDTM; 109 2001 스튜디오 지브리 - NDDTM; 110 (상단) 제니퍼 아베 / 알라미 스톡 포토; (하단) AF 아카이브 / 알라미 스톡 포토; 111 에버렛 컬렉션 주식회사 / 알라미 스톡 포토; 112-113 2001 스튜디오 지브리 - NDDTM; 114 게티 이미지를 통한 아사히 신문; 115 엔터테인트먼트 픽쳐스 / 알라미 스톡 포토; 116 2001 스튜디오 지브리 - NDDTM; 117 예레미야 수테이라트; 118 2002 네코노테-도 - 스튜디오 지브리 - NDHMT; 119 2002 네코노테-도- 스튜디오 지브리 - NDHMT; 120 2002 네코노테-도- 스튜디오 지브리 - NDHMT; 121 포토 12 / 알라미 스톡 포토; 122 2004 스튜디오 지브리 - NDDMT; 123 2004 스튜디오 지브리 - NDDMT; 124 포토 12 / 알라미 스톡 포토; 125 2004 스튜디오 지브리 - NDDMT; 126 (상단) 로이터 / 알라미 스톡 포토; (하단) 프랜시스 스펙커 / 알라미 스톡 포토; 127 2004 스튜디오 지브리 - NDDMT; 128 (상단) (하단) 2004 스튜디오 지브리 - NDDMT; 130 2006 스튜디오 지브리 - NDHDMT; 131 2006 스튜디오 지브리 - NDHDMT; 132 야마나카 토루/AFP; 133 포토 12 / 알라미 스톡 포토; 134 2006 스튜디오 지브리 - NDHDMT; 135 2006 스튜디오 지브리 - NDHDMT; 136 2008 스튜디오 지브리 - NDHDMT; 137 2008 스튜디오 지브리 - NDHDMT; 138-139 2008 스튜디오 지브리 - NDHDMT; 140 2008 스튜디오 지브리 - NDHDMT; 141 (상단) UPI / 알라미 스톡 포토; (하단) 호라이즌 이미지 / 모션 / 알라미 스톡 포토; 143 에버렛 컬렉션 주식회사 / 알라미 스톡 포토; 144 2010 스튜디오 지브리 - NDHDMTW; 145 2010 스튜디오 지브리 - NDHDMTW; 146 스튜디오 지브리 / 앨범; 147 2010 스튜디오 지브리 - NDHDMTW; 148 2010 스튜디오 지브리 - NDHDMTW; 149 2010 스튜디오 지브리 - NDHDMTW; 150 포토 12 / 알라미 스톡 포토; 151 2011 다카하시 치즈루 - 사야마 테츠로 - 스튜디오 지브리- NDHDMT; 152 2011 다카하시 치즈루 - 사야마 테츠로 - 스튜디오 지브리-NDHDMT; 153 포토 12 / 알라미 스톡 포토; 154 포토 12 / 알라미 스톡 포토; 155 로이터 / 알라미 스톡 포토; 156 올스타 픽처 라이브러리 / 알라미 스톡 포토; 157 컬렉션 크리스토펠 스튜디오 지브리 / DR; 158 2013 스튜디오 지브리 - NDHDMTK; 159 에버렛 컬렉션 주식회사 / 알라미 스톡 포토; 160-161 2013 스튜디오 지브리 - NDHDMTK; 162 에버렛 컬렉션 주식회사 / 알라미 스톡 포토; 163 2013 스튜디오 지브리 - NDHDMTK; 164 2013 스튜디오 지브리 - NDHDMTK; 165 2013 스튜디오 지브리 - NDHDMTK; 166 2013 스튜디오 지브리 - NDHDMTK; 167 2013 지무쇼 하타케 - 스튜디오 지브리 - NDHDMTK; 168 (상단 및 하단) 2013 지무쇼 하타케 - 스튜디오 지브리 - NDHDMTK; 169 뉴스컴 / 알라미 스톡 포토; 170-171 2013 지무쇼 하타케 - 스튜디오 지브리 - NDHDMTK; 172 로이터/조나단 알콘; 173 스튜디오 지브리 / 앨범; 174 2013 지무쇼 하타케 - 스튜디오 지브리 - NDHDMTK; 175 2013 지무쇼 하타케- 스튜디오 지브리 - NDHDMTK; 176 2014 스튜디오 지브리 - NDHDMTK; 177 2014 스튜디오 지브리- NDHDMTK; 178 예레미야 수테이라트; 179 2014 스튜디오 지브리 - NDHDMTK; 180 포토 12 / 알라미 스톡 포토; 181 예레미야 수테이라트; 182 2016 스튜디오 지브리; 183 2016 스튜디오 지브리; 184 2016 스튜디오 지브리; 185 에버렛 컬렉션 주식회사 / 알라미 스톡 포토; 186 "2020 NHK, NEP, 스튜디오 지브리"; 188 "2020 NHK, NEP, 스튜디오 지브리"; 189 "2020 NHK, NEP, 스튜디오 지브리". 190 앨범 / 알라미 스톡 포토; 191 리처드 A.브룩스 / AFP / 게티 이미지; 192 GKids / 2023 스튜디오 지브리; 193 (상단) 맷 윙켈마이어 / 게티 이미지; (하단) 앨범 / 알라미 스톡 포토; 194 (상단) 앨범 / 알라미 스톡 포토; (하단) 앨범 / 알라미 스톡 포토; 195 앨범 / 알라미 스톡 포토; 196-197 앨범 / 알라미 스톡 포토; 198 GKids / 2023 스튜디오 지브리; 199 앨범 / 알라미 스톡 포토; 200-201 GKids / 2023 스튜디오 지브리; 202 AP통신 / 알라미 스톡 포토; 203 저자; 204 AP통신 / 알라미 스톡 포토; 205 (상단) AP 통신 / 알라미 스톡 포토; 205 (하단) 시파 US / 알라미 스톡 포토.

영국의 웰벡 출판사는 각 사진의 출처와 저작권자를 정확하게 확인하고 연락하기 위해 모든 노력을 기울였습니다. 의도치 않은 오류나 누락이 있다면 양해를 구하며, 이는 책의 향후 판에 반영하도록 하겠습니다.

찾아보기